琵琶湖と古墳

～東アジアと日本列島からみる～

用田政晴

もくじ

はじめに――湖と古墳に学ぶ考古学―― 4

第1章 古墳の前時代史――湖に沈んだ村と農耕――
1 日本の国境・時代区分と歴史の教科書 6
2 琵琶湖の湖底をスニーカーで歩く 10
3 謎でなくなる琵琶湖の湖底遺跡 14
4 琵琶湖沿岸における縄文農耕の可能性 18
5 北海道には縄文時代に古墳があったのか 22
6 琵琶湖で発見された銅鐸を追究する 26
7 客家土楼と琵琶湖の弥生村との怪しげな関係 30
8 「邪馬台国近江説」の中心・旧野洲川の本流をさかのぼる 34

第2章 古墳追究の前提とその出現をさぐる
1 「墳丘墓」と「古墳」を築いた村をさがす 38
2 考古学者は古墳の年代をどのように想定したか 42
3 月の輪古墳の発掘運動と講演・講義 46
4 「首長権」あるいは「首長霊」を継承した場である古墳 50
5 古墳の竪穴式「石室」から「石槨」への言い換え 52
6 相次ぎ発見された「前方後方墳」は「前方後方形墳丘墓」か 56
7 考古学・博物館学の古典とそこにみる古墳の項 60

第3章 古墳の形からみた近江の地域性
1 円墳の出現から大形前方後円墳の成立へ 64
2 琵琶湖を制した最初の地域の首長とは 68
3 60年安保と安土瓢箪山古墳のわずかなつながり 72
4 近江の旧郡ごとに古墳の違いはあるのか 76
5 首長墓は規模により3つの階層に分けられる 80
6 近江の首長墓の動向と画期を形から探る 84
7 古墳の石材を湖上輸送する 88

8 『琵琶湖をめぐる古墳と古墳群』からみた原始・古代の近江 …… 92

第4章　大陸・半島・列島から近江の古墳を望む

1 中国大陸・長江中流域の漢墓から近江の墓へ …… 96
2 湖東の扇状地開発にあたった朝鮮半島からの渡来人の墓 …… 100
3 日本列島で二番目に広い湖・霞ケ浦をめぐる古墳 …… 104
4 列島の最南端にある九州の前方後円墳と中枢の古墳 …… 108
5 東日本大震災を生き抜いた古墳と遺跡 …… 112
6 古墳時代以降の農具にみる中国の系譜 …… 116
先学に学んだ半生記（反省記） …… 120
引用・参考文献 …… 124

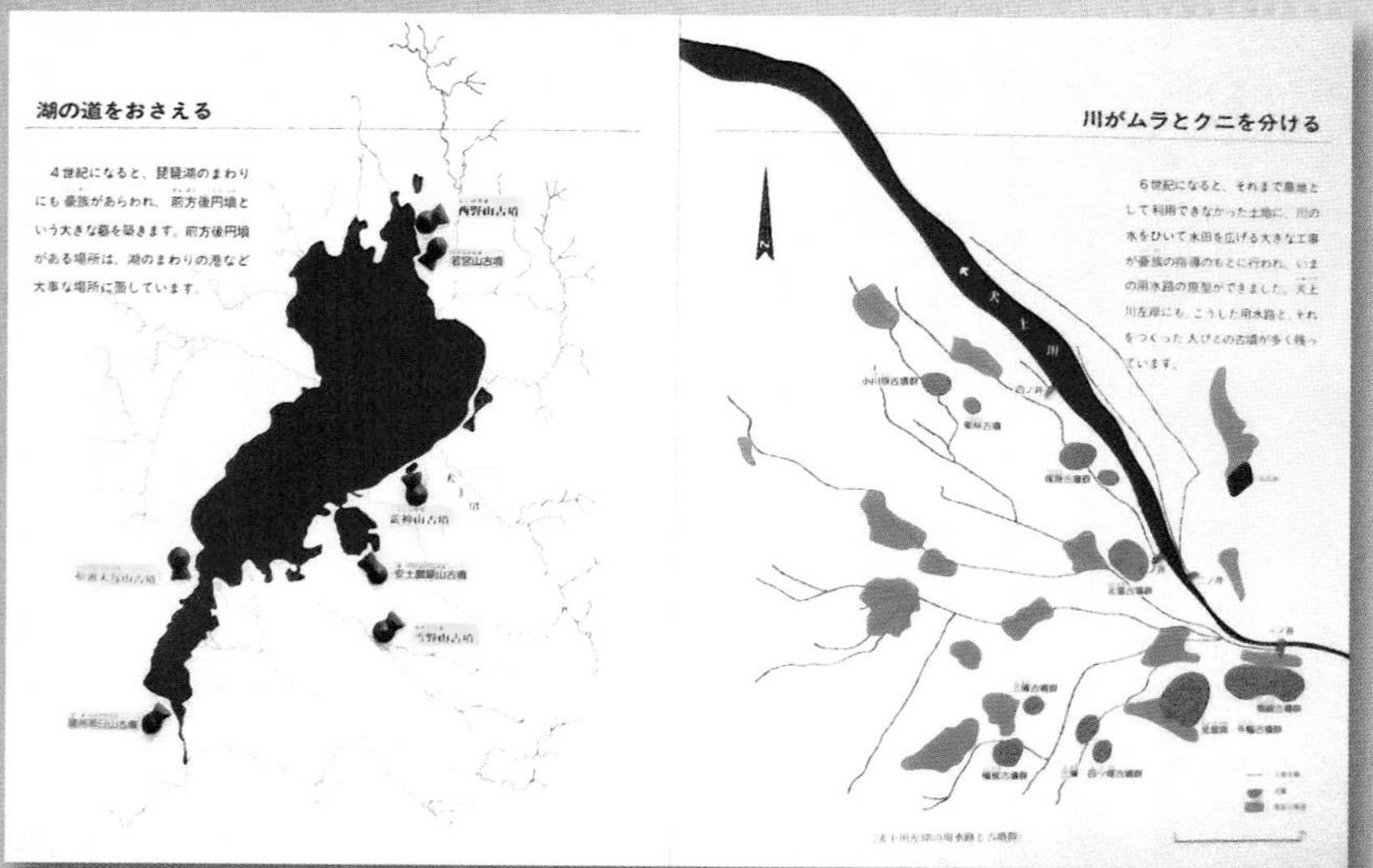

古墳時代の展示パネル（琵琶湖博物館）

はじめに　―湖と古墳に学ぶ考古学―

本書では、文字資料が皆無あるいは極めて少ない原始・古代史研究におけるテーマの一つ、琵琶湖のまわりの前方後円墳を頂点とする古墳を中心に据えながら、よりなじみやすくするため、その前時代史を扱うだけでなく、それらとかかわる近代あるいは現代的な話題も取り上げた。

かつて筆者が中心になって企画した琵琶湖博物館の常設展示室の一つ「人と琵琶湖の歴史展示」室では、古墳時代の展示はパネル2枚だけで、実物資料などは皆無であった。「原始」は湖底遺跡の代表格である粟津貝塚と松原内湖遺跡、「古代」は琵琶湖から流れ出る唯一の川・瀬田川と旧東山道が交わる瀬田唐橋に資料を代表させたためであるが、いつか「古墳」をテーマに、フィールド日記のようなわかりやすい展示ガイドを作成したいと思いつつ定年を迎えてしまった。

琵琶湖をテーマにした博物館に関わった30年の間、「湖」や「水環境」をキーワードに、日本列島やアジアの湖沼環境を歩き、「考古資料」と「博物館」を訪ねる機会に恵まれた。そして見聞きした後は、いつも琵琶湖の歴史に置き換えてみたりした。

こうした経験の中で、学生のとき以来のテーマである「前方後円墳とは何か」を念頭に置きながら、琵琶湖をめぐる古墳、あるいはその前史である縄文・弥生時代に関わるフィールドの記録と発想を記してみた。さらには日本列島での位置づけのみならず、時には調査と称してしばしば訪ねた中国をはじめとする東アジア世界から琵琶湖を振り返った感想にも少しだけ言及してみた。

今回、遅ればせながら『琵琶湖博物館ブックレット』で、常設展示室から抜け落ちたストーリーを多少は埋めていくことになった。ただ、「古墳とはいつごろのものか、どんな種類があるのか」といった概説は他のすぐれた書物に譲り、あくまで琵琶湖を横目で見ながらフィールドを歩いた軌跡を記録した。

滋賀県庁では、琵琶湖を水環境としてみた場合、湖はもとより琵琶湖集水域と称する近江盆地の周辺の山々までを琵琶湖に含んでいる。滋賀県域の98％が琵琶湖集水域である極めて珍しい例でもある。しかもそれが、律令制以降の近江国とほぼ変わらずにあることから、ここで琵琶湖と称したまとまりは、自然条件のみならず社会的にも自己完結的な小宇宙のまま千数百年をたどってきたことになる。

本書では、この小宇宙や列島の「地域性」に焦点をあててみた。その際、湖を中心にして湖東・湖北・湖西・湖南および近江国内の旧郡名で地域を代表させることが多く、郡名の前の「旧」は省略している。また、およそ3世紀から7世紀にかけての古墳時代の本土を代表する権力について、「畿内中枢勢力」（用田１９８０）と呼んだり「大和部族連合」「大和連合」（近藤１９８３）とする意見に傾倒していたが、今回は「倭王権」と呼び替えている。なお、本文中の敬称等は、筆者の普段の呼称に従った。

第1章　古墳の前時代史 ―湖に沈んだ村と農耕―

1 日本の国境・時代区分と歴史の教科書

北海道の最北端、宗谷岬やノシャップ岬からは、43㎞北のサハリン（樺太）の山並みがよく見える。沖縄の八重山諸島の西の端、与那国島から台湾も年に数回見えるといい、玄界灘に浮かぶ対馬の最北端・鰐浦にある韓国展望所を訪れた時も、晴れていれば釜山の車のライトまでわかるといわれたが、両者とも天候が悪くて見ることができなかったので、北海道からが、日本から外国を眺めた初めての経験となった。

ヨーロッパではパスポートチェックもないまま国境を通過してしまうことが多いし、広開土王碑で有名な中国・吉林省集安では、幅30ｍほどの川（鴨緑江）をはさんだ向こう岸は北朝鮮だった。かつてはともに高句麗の国土であり、中国側の壁画古墳・五盔墳《ごかいふん》5号墓では、四神の描かれた石室内まで入ることができたが、川向うへは渡ることもできないという経験をしたし、カメラを向けることすらためらった。そんなことから、海に囲まれた今の日本では、外国を見ることは貴重なことである。

ところで、よく「日本考古学」という用語を目にするが、北海道では弥生時代や古墳時代はなく、縄文時代の後は、続縄文、擦文（一部、オホーツク）、アイヌ文化の時代を経て明治を迎える。沖縄なども別の時代区分を用いている。アイヌ文化などは、逆にサハリンやカムチャツカにも展開しており、一般的な日本の考古学や歴史の区分でくくることは不可能である。従って、私が書く歴史の文章中では、その対象とする時代には「日本」という概念がなかったこともふまえて、「日本列島」とか、場合によっては「本土」と表現している。これは、本州・四国・九州の総称として佐原真さん（元、国立歴史民俗博物館）がよく使った表現である。

そんな中、北海道や沖縄の生徒・児童たちは、主に「本土」の歴史を学び、大学入学共通テスト「日本史」なども受ける。滋賀県の場合は、かつての都があったり近かったりして、大津宮、延暦寺、安土城など「日本」の政治史の中心近くにあることから、歴史の理解において滋賀県人は恵まれていると思う。

ただ、今の小学校の歴史教科書は旧石器時代や縄文時代は省略され、ほぼ弥生時代の米作りから記述が始まる。さらに紀元前10世紀にもなろうかという弥生時代のはじまりや3世紀前半の邪馬台国も古墳時代の出来事になりつつあるという最新の年代観は、まだ十分に反映されていない。また、古墳時代の列島における中心的な政治勢力のことを考古学界や中学校の教科書では「大和（倭）王権」などと呼んでいる古墳時代も、小学校ではまだ「大和朝廷」という用語で教えているという課題もある。

そんな中、信長、秀吉、明智光秀、浅井長政、石田三成はもとより、国友一貫斎、雨森芳洲などの人物、百済寺、石塔寺などの史跡、安土、長浜、朝鮮人街道などの地名、石山寺縁起絵巻、彦根屏風など、滋賀県由来の資料名などが小中学校の教科書にはたくさん登場し、そこは滋賀県の歴史満載なのである。

図1-1-1 宗谷岬からサハリンを望む

図1-1-3 中国・集安の五盔墳

図1-1-2 中朝国境にある
高句麗好太王碑

図1-1-4 対馬・韓国展望台から釜山方向を望む

図1-1-5 中朝国境の鴨緑江（対岸は北朝鮮）

2 琵琶湖の湖底をスニーカーで歩く

琵琶湖博物館の常設展示室「人と琵琶湖の歴史展示」室では、その中心的な資料の一つとして、湖底遺跡の代表的存在でもある約5千数百年前の縄文時代中期を中心とする粟津貝塚を取り上げている。そこでは大規模な貝層の平面と断面を一体のものとして剥ぎ取った幅3m・長さが10m近い資料を展示している。この遺跡は、現在の近江大橋南の湖底に沈んでいた世界でも例の少ない淡水の貝塚であり、大規模に調査されたことでも有名になった（伊庭ほか1997）。

1952年に、漁師の網にひっかかって縄文土器が出土したことでこの遺跡は知られ、歴史地理学者である藤岡謙二郎先生（元、京都大学）・小林博先生（元、滋賀大学）らによって確認されたものである。当時、琵琶湖の水はとてもきれいだったため、船の上から水深2～3mの湖底の貝層がよく見えた、と藤岡先生はおっしゃっていた。先生はのちに考古学者坪井清足先生らとともに簡単な測量も行い、ここが貝塚であって、ヨーロッパでよく知られていた湖上住居址ではないことを明らかにした。そんな様子を藤岡先生から生前にお聞きしたことを思い出す。

この遺跡は、1990年から琵琶湖総合開発事業に伴う航路浚渫工事で一部が壊れることから発掘が行われた。縄文時代早期の遺構を一部に含みながら主に縄文時代中期、およそ5400年前以降の貝層を中心とするもので、その規模は東西240m、南北320m以上を測り、世界最大の淡水貝塚という。ただ、この種の遺跡が大規模に発掘されることは極めて少ないため、琵琶湖博物館では「最大規模」と呼んだりもしている。

現地調査は湖の中を二重の鉄の板で囲み、水を24時間ずっと排出し続けることによって湖底を陸上と同じ状態にして実施した。ただ、水中ポンプを稼働する発電機が故障したりすると、ひと晩で周囲の湖と同じ水位にまで戻ってしまうということが何度かあったようである。水を抜いた湖の底は思いのほかきれいで、ヘドロの堆積や水草などは全くなく、空き缶やタイヤなどわずかな船の落とし物のほかは砂と石が広がっていただけであった。記録映像の撮影や貝層の剥ぎ取りを行うため、当時、何度も調査地へ漁船で渡り訪ねた私たちは、湖底をスニーカーで普通に歩いていることに妙な感動をおぼえたものである。

あれから20年経った現在、湖底の水草をモニタリング観察している水質化学が専門の琵琶湖博物館芳賀裕樹さんによると、遺跡周辺の湖底はおろか南湖（琵琶湖大橋より南の琵琶湖）全体の96％の湖底に水草が繁茂しているという。そして船の航行の妨げとなったり、大量の流れた藻が湖岸に漂着して腐った匂いがただよったりして社会問題化しているが、今後、水草が増加していくのか、減少傾向にあるのかは未知数らしい。30年近く前に見た白い砂の広がる南湖湖底の様子は、潜ってみてももう見られないようである。

図1-2-1 粟津貝塚の調査地（滋賀県教育委員会撮影）

図1-2-2 粟津貝塚の展示（琵琶湖博物館）

図1-2-3 粟津貝塚の発掘状況

図1-2-4 調査区内の排水

図1-2-5 湖への排水

3 謎でなくなる琵琶湖の湖底遺跡

琵琶湖に沈んだ湖底遺跡とは、基準水位である標高84・371m（基準は東京湾）よりも低いところにあるかつての村の跡や遺物が発見された場所で、現在、114個所が知られている。そんな湖底遺跡は、1977年からはじまった琵琶湖総合開発事業に伴う15年間の調査で、24万㎡以上を発掘して多くの成果があがり、特に古代人の食生活も明らかになってきた。

先述の粟津貝塚はその一つで、約5千数百年前の縄文人はクリやドングリを主食にし、イノシシ、シカやフナ、コイ、ナマズ、スッポン、それにカモ、ハクチョウがおかずであった。もちろんセタシジミは春から夏にかけてのものである。また守山市赤野井湾遺跡では、粟津貝塚より古い縄文時代早期末、約7000年前のフナやコイを石蒸し焼きにした跡が見つかったし、米原市入江内湖遺跡では、マグロの骨が5000年以上前の縄文時代の土層から発見された。安土城の麓、小中の湖にあった竜ヶ崎A遺跡では、縄文時代末の土器の底に焦げ付いた2300年前のキビが残っていたし、近くにはドングリなどの木の実を貯えた穴が四つもあった。

食べ物ではないが、守山市小津浜遺跡では近江で最古の部類に入る2千数百年前の田んぼ、長浜市尾上では同じ弥生時代の魚を捕るヤナ、赤野井湾遺跡では古墳時代の簡略なエリなど、祖先の生業の様子も琵琶湖は今に残して直接的に伝えてくれている。かつては、琵琶湖の風物詩であるエリは灌漑水田稲作とともに大陸から伝わってきたのではないかといわれていたが、実物でそのことが証明されつつあるのが現状である。

通常、陸地の遺跡では土器や石器しか今日まで残らず、木材をはじめとする植物質のものや骨などは腐ってなくなってしまう。しかし湖底遺跡では、琵琶湖の水や堆積物が遺物を真空パックし、植物質食料の食べ残しまで保存してくれる。したがって、琵琶湖の周辺では原始・古代の木製品の出土例が日本列島の中でも群を抜いて多く、丸木舟や木製農具研究などにおいて琵琶湖は避けて通れないフィールドとなっている。さらに粟津貝塚などでは、貝からしみ出るカルシウム分が、魚の骨や天然真珠なども淡いピンク色に保つなど、良好な状態で保護してくれたのである。

こうした湖に沈んだ遺跡の成因は、これまで琵琶湖の水位の上昇や大きな地盤の沈下で説明されてきた。しかし、2010年に琵琶湖博物館で開催した講演会『湖底遺跡の探検～湖に沈んだ村を科学する～』で、考古学者の林博通先生（滋賀県立大学）・応用地質学や地質工学研究者の釜井俊孝先生（京都大学）や原口強先生（大阪市立大学）は、共同研究によって、琵琶湖のまわりのほぼ平坦なところでも地震による大規模な地滑り（「側方流動」）が原因となり村が湖に沈んだと発表した（林ほか2012）。

湖に山が迫った湖北北端地域などでは、こうした現象を我々も想像しなかったわけではないが、広い平野部に接した砂浜の広がる湖岸線でほとんど平たんな場所でも地滑りあるいは「側方流動」が起こりうるという。これを機会に、多くの湖底遺跡についてもそうした成因の可能性を追究する必要が生じてきたようである。

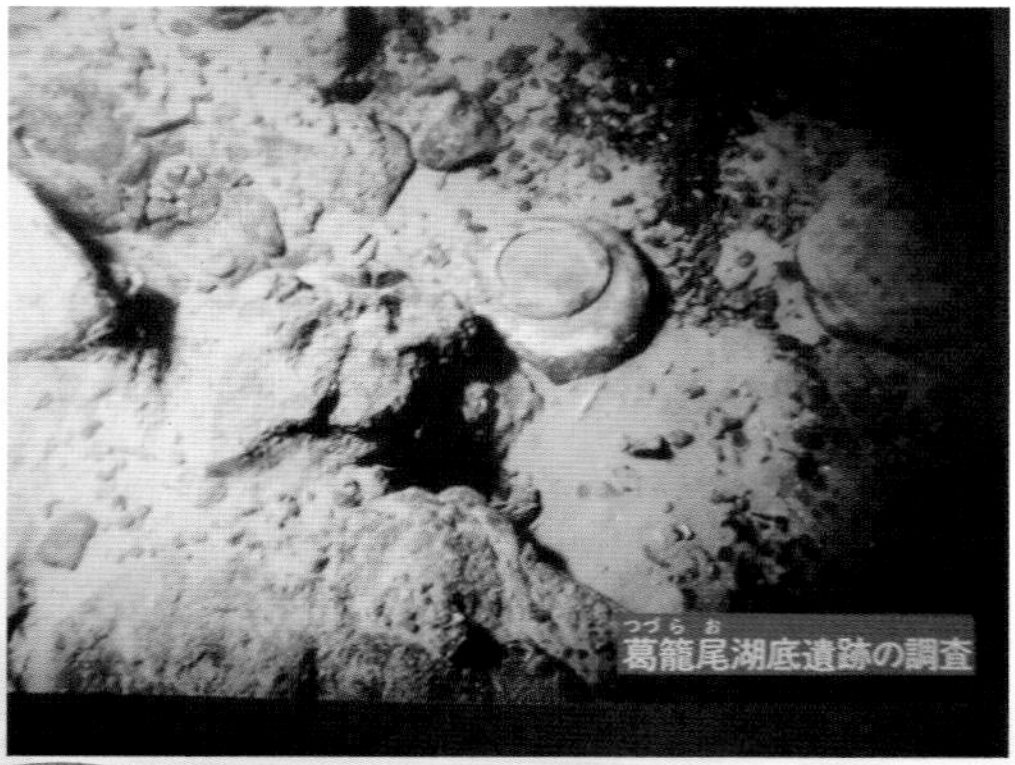

図1-3-1 **葛籠尾湖底遺跡調査の展示**（琵琶湖博物館）

図1-3-2 **針江浜遺跡の展示**（琵琶湖博物館）

図1-3-3 **貝塚出土の縄文土器**（琵琶湖博物館）

図1-3-4 湖底遺跡調査の展示（琵琶湖博物館）

図1-3-5

湖底遺跡から引き揚げられた土器

（琵琶湖博物館）

4 琵琶湖沿岸における縄文農耕の可能性

近い将来、縄文時代の農耕の証拠、特に琵琶湖沿岸での確実な稲の例が見つかるかもしれない。琵琶湖の湖底遺跡の代表粟津貝塚では、縄文時代早期初めの層から栽培種でもあるヒョウタンやリョクトウが出土している。縄文時代前期の丸木舟が多数出土している米原市入江内湖遺跡でも、生漆が付いた縄文時代前期中葉の土器が出土している。漆は人が手を加えないと育たないものなのにである。

また、縄文時代中期の粟津貝塚の貝層から発見されたエゴマ、クリは、遅くとも約5千数百年前には栽培農業を覚えていたことの証しでもある。ただ、農耕を行っていたことの証明には、その道具と場所と生産したものが明らかになって初めて語れるのだという説などもあるが、明らかに農具とわかるものはなかなか発見できないのが原初的な農業の特徴である。高谷好一さん（元、滋賀県立大学）によると、インドネシアの民族例では耕起は行わず、長大な木で草木をなぎ倒すだけであるとかつて述べていた。最古の水田の一例ともいわれる中国・江南地方の太湖近くの陽澄湖《ようちょうこ》畔、6000年前の江蘇省草鞋山《そうあいざん》遺跡では、足による踏み耕も考えられている。

そんな議論の中、岡山県彦崎貝塚の縄文時代前期の貝層からは、イネの機動細胞珪酸体が発見されて天水田の存在が想定され、コムギ、オオムギ、キビ、ヒエ、ジュズダマ属など焼畑の痕跡もわかってきた。高橋護さん（元、ノートルダム清心女子大学）は、洪水にも渇水にも対応してリスクを避ける複合的な農業が行われていたという。

江戸時代末から明治にかけて、琵琶湖に近い守山市の木浜では、水田が冠水すると急いでヒエを植えたという（高谷2003）。危機を回避する複合的な農業が、縄文時代のみならず近代以降でも琵琶湖畔にはあったのである。

また、琵琶湖の周辺では、縄文時代前期後半になって集落は沖積地へ広がり、定住していくことが栗東市下鈎《しもまがり》遺跡や近江八幡市上出A遺跡の例などからわかる。これは栽培によることかと推測される。

縄文時代後期には、すでに弥生時代以降に灌漑水田稲作を営む人たちと同じ自然堤防上で村（多くの歴史書では「ムラ」と表記して現代の「村」との違いを明らかにするが、本書では以下「村」と記す）は拡大し、愛知川下流域の東近江市今安楽寺遺跡、林・石田遺跡、正楽寺遺跡などでは、後ろに森林や里山などの高燥地がありながらも河川の自然堤防に村を展開する。また、今安楽寺遺跡では出土した石器の62％が植物性食料加工用具であり、狩猟具である石鏃は皆無であった（植田1990）。

琵琶湖水系では、縄文時代中期を境にして多くの丸木舟が見つかっている。棺として利用された例を除くと日本列島で最多を数えるその縄文時代の丸木舟は、沖積地への村の進出・農耕の受け入れを指向した遺跡の立地の反映でもある。一方、彦根市稲里遺跡において、弥生時代前期の穴の中から炭化した米と一緒に発見されたアワ、キビ、クルミ、ブドウ、マタタビの種子は、弥生時代においても縄文時代人的な複合的な農業や堅果類にも一方では頼っていた食生活の姿を物語っている。

図1-4-1 弥生時代の木製農具・漁具の展示（琵琶湖博物館）

図1-4-2 松原内湖遺跡出土の丸木舟未成品（縄文時代後・晩期）

図1-4-3 縄文時代展示の背景に農耕作業を表現（琵琶湖博物館）

5 北海道には縄文時代に古墳があったのか

旭川市にある擦文文化の神居《かむい》古潭《こたん》竪穴住居群、立岩山チャシを見学する機会があった。神居古潭はアイヌ語で「神の居場所」という意味で、竪穴住居跡が200軒以上見つかっており、しかも竪穴は埋まりきらず地面がまだ窪地状のままであったし、チャシはアイヌ文化期の砦で壕はまだ深かった。さらに小樽市博物館で小樽市忍路《おしょろ》土場《どば》遺跡の箆状《へらじょう》木製品を見て、忍路《おしょろ》環状列石と地鎮山環状列石を見学。最後は、千歳市にある縄文時代のキウス周堤墓群（環状土《かんじょうど》籬《り》）と呼ぶ大規模な墓を訪ねて私の日本列島の歴史観が変わってしまった。

環状列石は、縄文時代の祖先祭祀を行った共同墓地で、その住居跡が隣接する忍路土場遺跡である。そこで出土した箆状木製品とそっくりなものが、彦根市の松原内湖遺跡で2点出土しており、国指定重要文化財として琵琶湖博物館で保管している。これは、アイヌに伝わるトンコリと呼ぶ楽器に似ていることから楽器説が有力視されているが、織機の部品という見方もある。琵琶湖の琵琶は、アイヌ語のピパ（沼・湖）からきている説もあることから興味深い。

さて、周堤墓（環状土籬《かんじょうどり》）はドーナッツ形をした土手状の集団墓地で、日本列島の縄文時代最大級の規模を持つ。縄文時代後期のキウスの一例は直径75m、盛り土の高さ5・4mを測り、この種の遺跡は道内で50基以上見つかり石狩低地に集中する。先の環状列石の石を土に置き換えたものであるが、本州の基準でいうと、その土木量からいってあまりに巨大で古墳時代のものかと疑ってしまう。

北海道におけるこの種の遺跡の存在を初めて知ったのは、後に旭川市博物館の館長を勤め、今は札幌大学で教鞭をとる瀬川拓郎さんの論文である（瀬川1980）。その草稿を読ませていただいた時、周堤墓を見たことがなかったためその存在すら信じられず、本土でいえば弥生時代の台状墓か墳丘墓より大規模なものかも、という感想を持ったのを覚えている。

北海道の周堤墓が広く知られたことにより、列島における国家の成立は意外に早いのではないかと考えられるようにもなった。土量・労働力に加えて、周堤墓の内部や周堤の上、周堤墓の外にも土坑墓があり、葬られる人の階層差が歴然としていたからである。周堤内部の中央に中心となる土坑墓があり、それやそれを囲む周堤墓内部の土坑には、副葬品や装身具などがしばしば伴っていることなどもそのことを補強する。

ただ、この墓の副葬品からの観点については、筆者はさほど力説しない。弥生時代早期の有名な福岡県板付遺跡は、二重の濠をもち内側に10数棟の竪穴住居を備えた大陸由来の環濠集落であるが、玉を副葬した子どもの墓は村の中心部にあり、何も持たない子どもの墓は内濠と外濠の間にあったからである。やや時代はずれるが、縄文時代の終わりから弥生時代にかけてはそんな時代だった。

図1-5-1
松原内湖遺跡の箆状木製品
（琵琶湖博物館）

図1-5-2
トンコリ（旭川市博物館）

図1-5-3　神居古潭と石狩川

図1-5-4 キウス遺跡

図1-5-5 キウス遺跡周堤断面

図1-5-6
大岩山チャシの壕
(案内人は瀬川さん)

6 琵琶湖で発見された銅鐸を追究する

国立歴史民俗博物館名誉教授の春成秀爾先生は、『弥生青銅器コレクション』と題した博物館の資料図録をまとめられている（春成編2009）。この目録では、博物館が所蔵する弥生時代の銅鐸をはじめ、銅の剣・矛・鏡などを紹介するもので、精緻な図面や写真とともに、詳しい解説が記されている。先生は、定年により博物館を退任された後もこの仕事に取り組まれ、博物館資料目録のお手本ができあがった。その中に「伝滋賀県琵琶湖出土銅鐸」と呼ぶ資料が含まれていたが、出土した場所や由来は不明のままであった。

そのころ先生は、滋賀県に来られて湖の北の著名な葛籠尾崎湖底遺跡《つづらおざきこていいせき》を訪ねられ、私も考古学徒・辻川智代さんと同行した。チャーターした船による湖上からの周辺地形の見学後、先生は湖底から出土した縄文時代から鎌倉時代までのほぼ完全な形の土器を長浜市尾上《おのえ》の資料館で入念に観察された。これは、特に土器に付着していたわずかな泥を見ておられたのであるが、先生は琵琶湖から出土したという銅鐸についた少しの黒い泥と比較しておられた。つまり、歴史民俗博物館所蔵の銅鐸は、葛籠尾崎湖底遺跡から引き上げられたものではないかという仮説を確認するために来られたのであった。結果、その趣はまったく異なるものだったようで、そのことは刊行された資料図録にも反映されている。そして今度は、同じ琵琶湖でも南湖の浅瀬、現在の草津市か守山市あたりの湖岸線あるいは湖底に埋没していたのではないかという可能性を示唆しておられる。野洲川下流の守山市新庄や草津市志那中の湖底から出土したという銅鐸が知られていることから、琵琶湖博物館のある烏丸半島や赤野井湾近辺がその出土地だった可能性もあるということになる。銅鐸は古墳出現前夜の社会を探る重要な資料であり、これが銅鏡に転化した時に前方後円墳が出現・創出される。つまり弥生時代の銅鐸は古墳時代に鏡となり集団を支えた。

そんなことからか、先生は銅鐸研究のみならず広く青銅器そのものに関心をもっておられ、19世紀から20世紀にかけて、北米太平洋岸の先住民の間で盛行したポトラッチとよぶ贈与儀礼に使用する「銅板」研究も進められている（春成2013など）。その数は、およそ日本列島で出土するであろう銅鐸と同じぐらいの数量、おそらくは数百点かといわれている。

カナダ・バンクーバー郊外にあるブリティッシュ・コロンビア大学人類学博物館には4点の銅板があり、実見したことがある。展示ケースの片隅に追いやられているが、19世紀のポトラッチ経済における富の象徴で、社会的な地位や権力を反映するものという説明があった。時代や地域は大きく異なるものの、その機能まで含めて銅鐸研究の参考にしようとしておられる。いずれにしても、先生は北米からヨーロッパにまで広く保管場所が広がっているこの資料を追いかけて、観察のみならず詳細な実測図や拓本まで作成し続けられ、日本考古学の課題の理解へ向かっておられる。

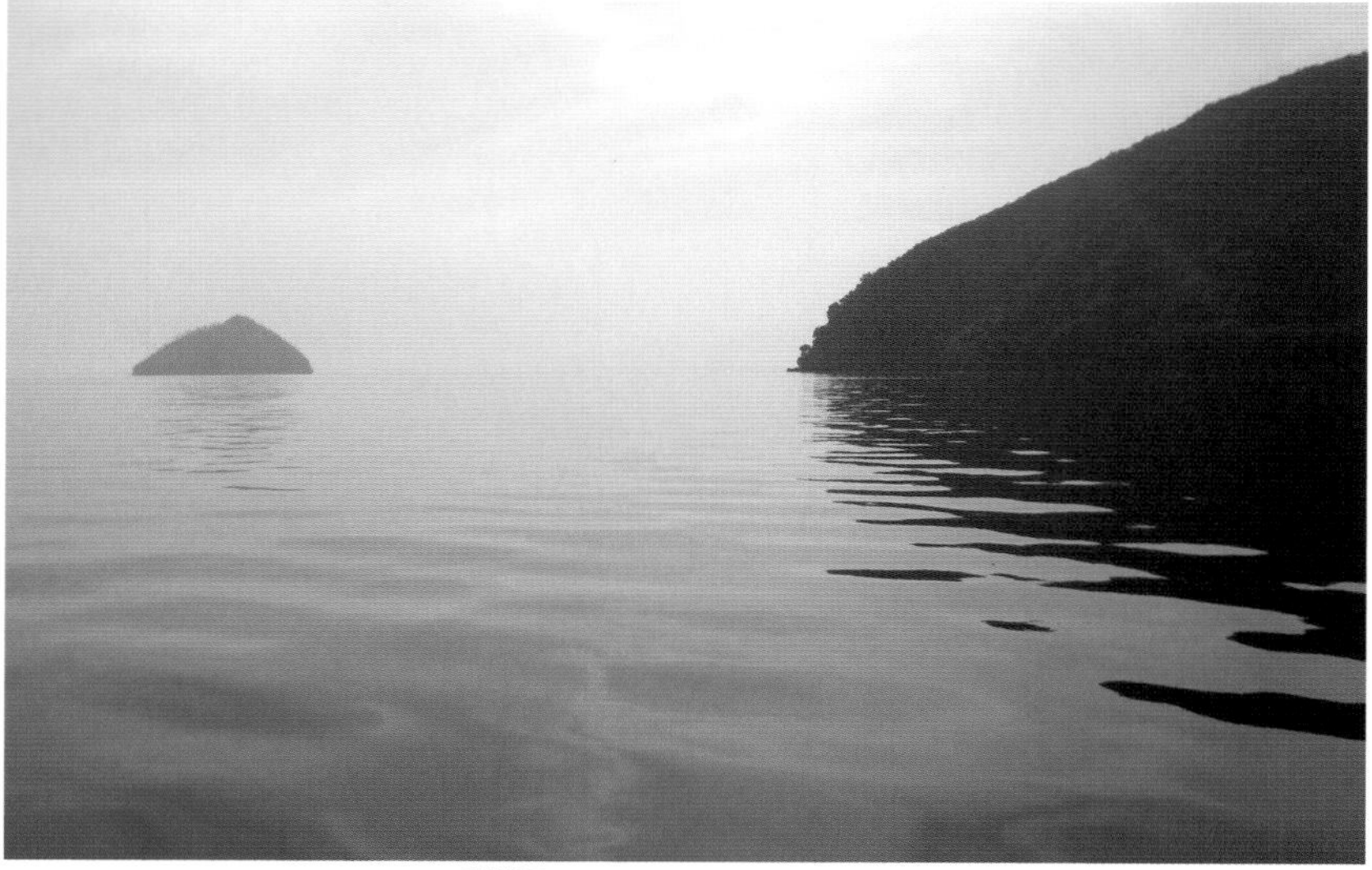

図1-6-1 葛籠尾崎と竹生島

図1-6-2 葛籠尾崎湖底遺跡を再現した展示（琵琶湖博物館）

図1-6-3 カナダ・UBC人類学博物館

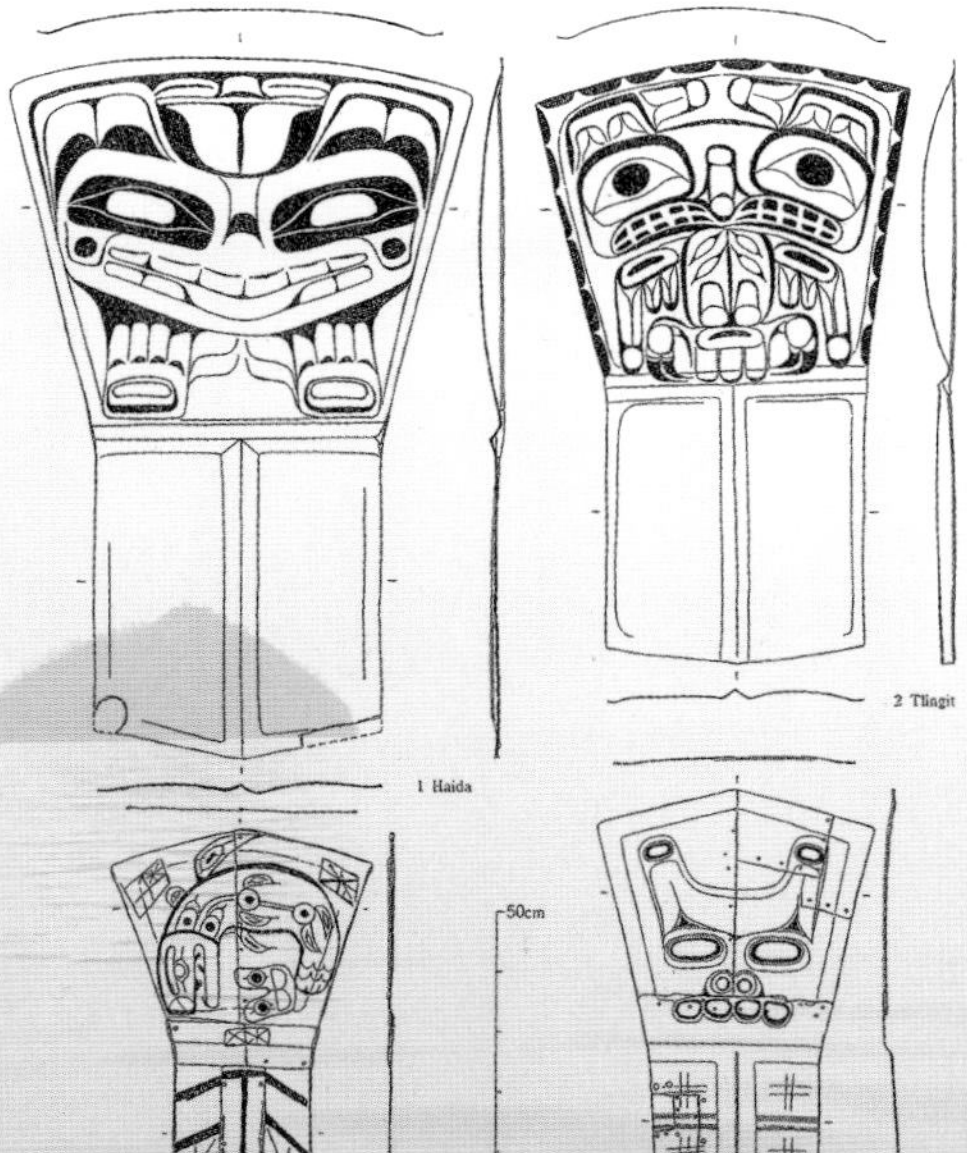

北アメリカ北西海岸先住民の銅板（春成原図）
1·3 Canadian Museum of Civilization (Ottawa), 2 University Museum, University of Pennsylvania (Philadelphia), 4 University of British Columbia Museum of Anthropology (Vancouver)

図1-6-4
銅板（春成2013）

7 客家土楼と琵琶湖の弥生村との怪しげな関係

中国・福建省の南西部の山岳地帯を中心に、客家土楼《はっかどろう》という大型の歴史的建造物が知られている。多くは12世紀から20世紀までにわたって築かれたものであり、「土の家」「丸い強い家」などとも呼ばれる。

客家とは、もともと黄河中流域に住んでいた漢族で、一説によると4世紀ごろに晋王朝とともに中国南部の山間部に南下したのをはじまりとし、その後、1000年の間に今の福建省・江西省・広東省を中心とする地域に住み着いた人をいう。客家には「よそ者」という意味があり、「中華の流浪の民」ともいわれている。主に福建省の山間部で見られる円形と方形の巨大な客家の集合住宅は「福建土楼」と呼ばれ、2008年には世界遺産に登録された。

直径や一辺が数10mから100mもある土楼は、土を固めた厚い土壁と木の骨格からなり、内部は木造建築ながら4・5階建てになって、80家族以上が住む一族のための城塞でもあった。入り口は鉄の板で頑丈に補強され、最上階にはしばしば狭間があるなど、まさしく城塞あるいは城郭である。この中で数百人の大家族が家畜とともに住み、中庭の中心は先祖を祀る祖堂あるいは祖廟となる。ここは祖先崇拝、祭祀、結婚式・葬式や村の会議などの行事が行われる。また、中庭には共同で使用する井戸が2ないし3基ある。部屋の間取りや大きさはすべて同じで、一つの家族は1階から最上階までの垂直部分を使用する。衛星写真で見ると核サイロに似ることから、米中冷戦時代は核基地に間違えられたこともあった。なお、円形のものが方形のものより歴史は新しく、また建物を守るための死角が少なく地震や風にも強いという。

一方、琵琶湖周辺に目を転じると、野洲川や愛知川など大きな川の下流域平野部には、弥生時代中期以降に環濠集落と呼ぶ、円形の濠を時には何重にもめぐらした村が築かれ、次の代には古墳時代における近江の在地勢力の中枢となる。守山市下之郷遺跡などがその代表で、濠の中からは剣や矢じり、木の盾や弓などの武器・武具が見つかり、村の中心には方形の区画や大型建物がしばしば見られる。これらの機能は、城塞であった客家土楼の祖堂のそれが参考になるかもしれない。

いずれにしても、社会的な緊張や争乱の中で生まれた丸い形の村と四角い中心部という、時代と空間も超えた共通項を持つのが土楼と環濠集落である。琵琶湖のまわりの丸い村に住んだ人たちは、当時の列島では「よそ者」だったのかも知れない。

なお、環濠集落は灌漑水田稲作と共に半島を経由して日本列島へ伝わった村の形であるが、さらに時代はさかのぼる中国新石器時代には長江流域にはいろいろな平面形の集落がある。上流の四川省宝墩《ほうとん》遺跡・三星堆遺跡、中流の湖南省城頭山遺跡、湖北省の石家河遺跡・門板湾遺跡・陶家湖遺跡、下流の良渚文化の諸遺跡と河姆渡《かぼと》遺跡など主だった新石器時代集落は踏破した。中でも約6000年前の湖南省城頭山遺跡が著名で、洞庭湖近くにあり直径315～325mの正円形の城壁（土塁）と濠に囲まれており、中心部には方形の神殿らしき遺構が残る。

図1-7-7 客家土楼内部（懐遠楼）

図1-7-1 西安半坡遺跡・環濠集落の入口

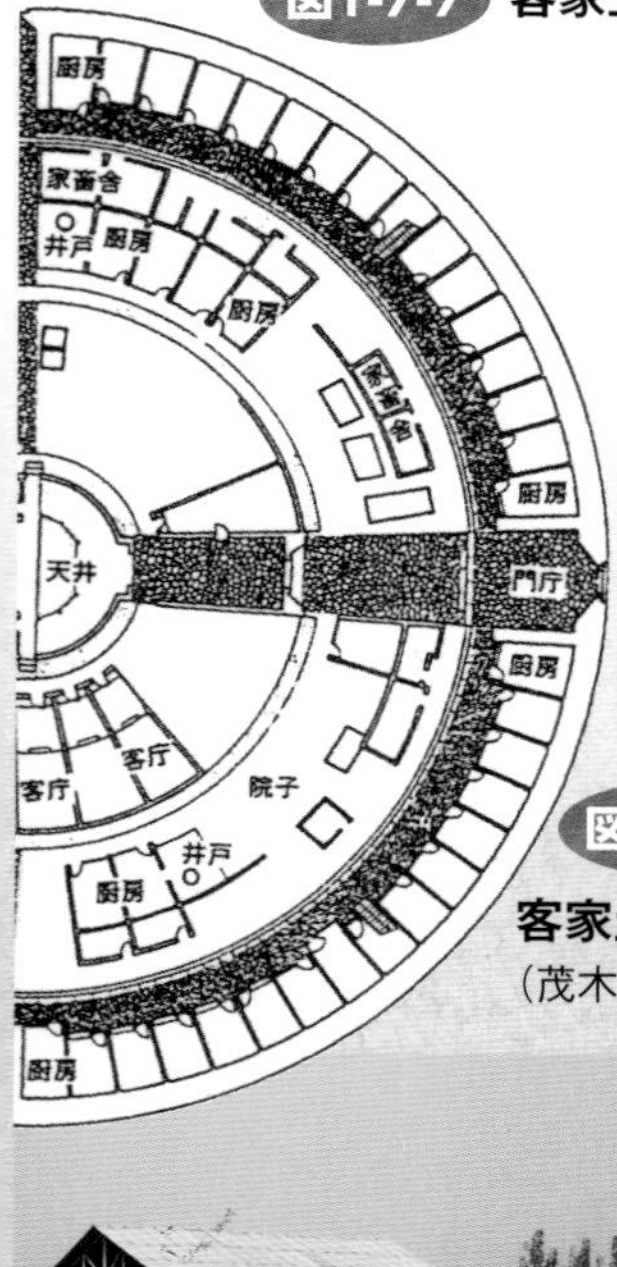

図1-7-3 客家土楼（承啓楼）
（茂木ほか1991）

図1-7-4 河姆渡遺跡建物跡

図1-7-5 河姆渡遺跡建物復元

図1-7-6 城頭山遺跡の濠と保存施設

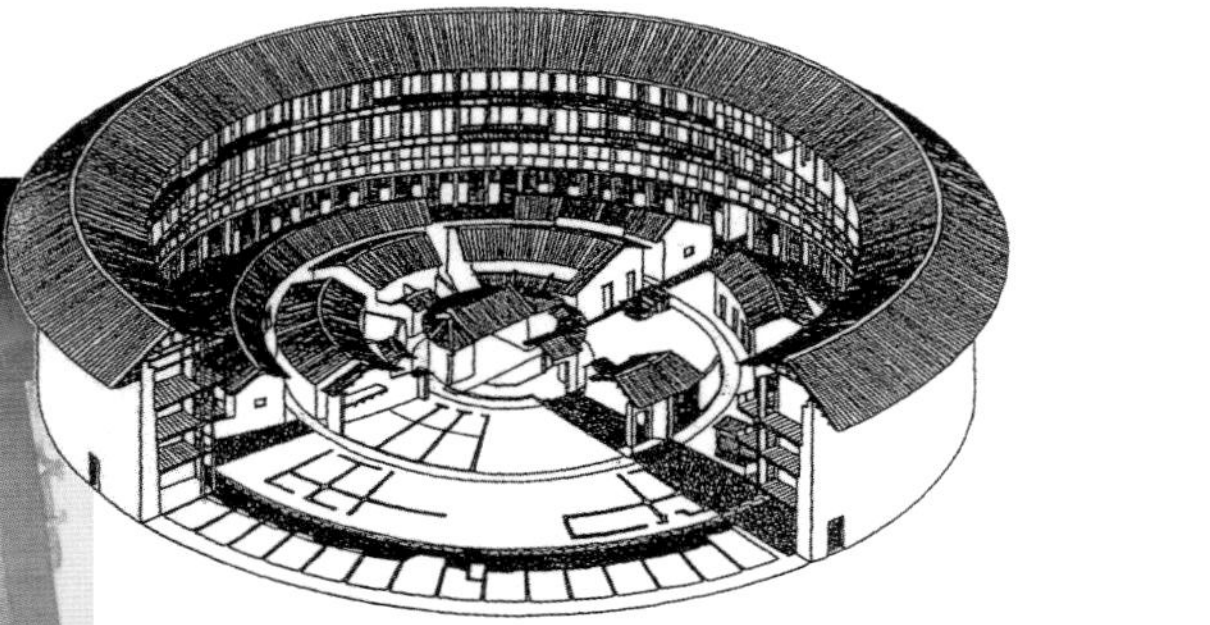

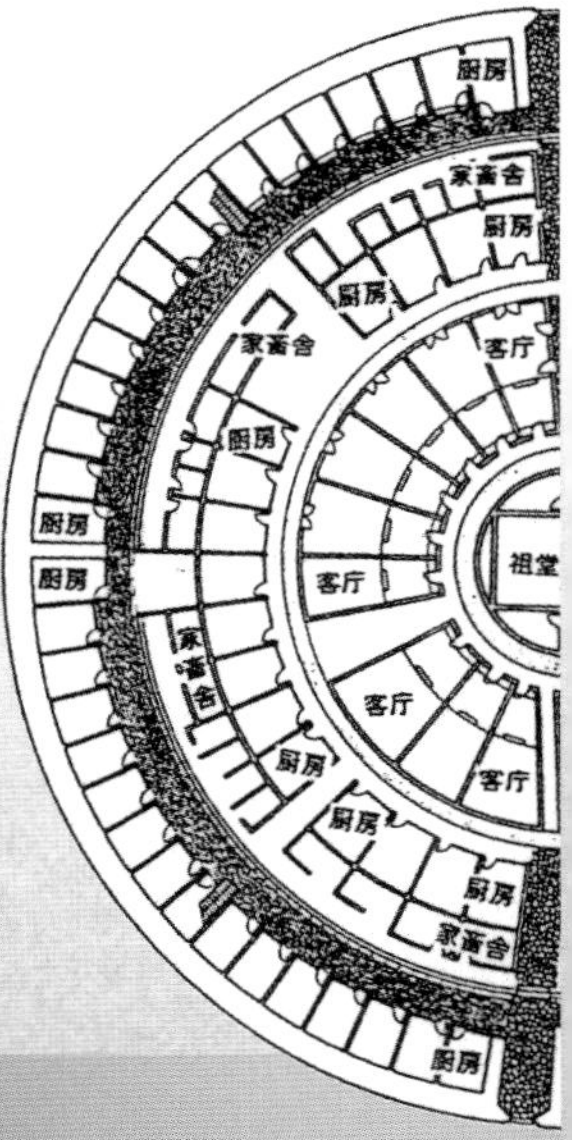

図1-7-8 客家土楼外観

図1-7-2 城頭山遺跡水田

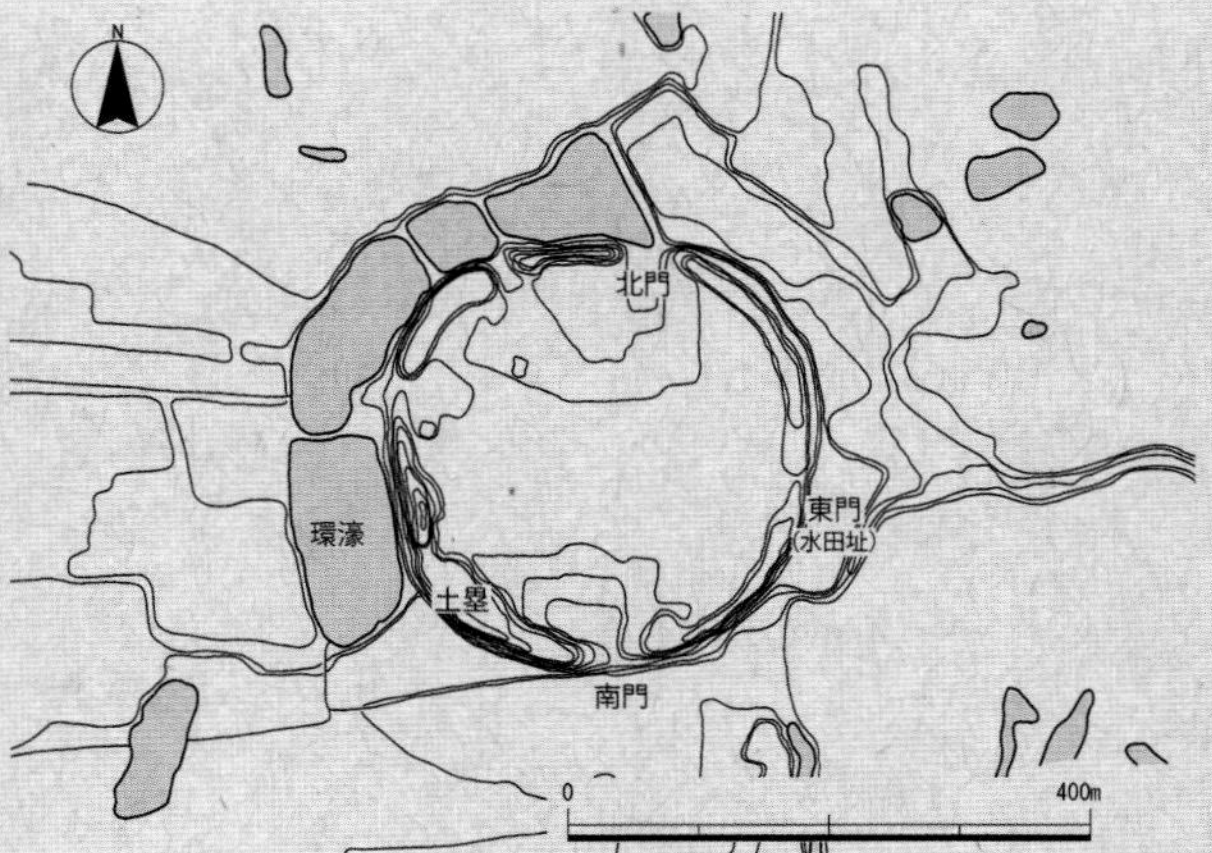

図1-7-9 城頭山遺跡(梅原・安田2004)

8「邪馬台国近江説」の中心・旧野洲川の本流をさかのぼる

近年、「邪馬台国近江説」と題した本がほぼ同時に2冊刊行された。今では古墳時代の出来事とも考えられている邪馬台国は、近江の中でも野洲川下流域の伊勢遺跡を中心とする地域にあったという。そこが邪馬台国であったかどうかは別にして、約2000年~1800年前の弥生時代の終わりごろから古墳時代にかけて、野洲川下流域が近江の中心地の一つであったことは、いくつかの考古学的証拠が語る。また、古墳時代首長の大規模な墓（古墳）の形から、野洲郡は5世紀後半まで、栗太郡は6世紀代まで、近江の独自性を主張し続けていた地域であることを筆者はこれまであるいは本書で主張してきている。つまり3世紀の早い時期にはじまる前方後円墳体制を古墳時代と呼ぶが、野洲郡や栗太郡の首長たちは、倭王権から定型化した前方後円形の墓を築くことを許されはしなかったが、古墳時代前期の段階において三角縁神獣鏡などは多く下賜されるなど、中央から相当な評価を受けていたのである。

そんな野洲川の旧本流は、現在の守山市と草津市の境を流れる堺川（境川）である。今では小さな川であるが、北側（右岸）が旧の野洲郡、南側（左岸）が旧栗太郡にあたる。豊臣秀吉の時代には、境川河口部にほど近い芦浦観音寺の住職が、琵琶湖の湖上交通を一括管理する船奉行をつとめていた。そんな堺川を河口部から現在の野洲川分岐近くまで3時間かけて歩いて周辺を観察したことがある。

現在の河口部は、琵琶湖博物館に隣接する赤野井湾にあり、博物館はかつての野洲川本流（堺川）が運んできた堆積物の上にある。近くには弥生時代集落や墓が点在するなど、弥生時代の拠点であったことがわかっている。湖周道路から烏丸半島までの間の地下には、累々と弥生時代中期のほぼ同じ大きさの方形周溝墓が並んでいたことも判明し、しかも湖の縁辺部にあったため木棺の多くは腐らずにそのまま残っていた。

その河口部から約1・5㎞行くと芦浦観音寺の濠につながる。そこまでは現在でも川幅が6〜7ｍあり、容易に船で行くこともできそうだが、そこからさらに上流約1・5㎞は、幅が2ｍほどしかない。しかし、その守山市横江町付近から上流は、幅が3〜5ｍと再び広くなり水量も多くなる。守山市金森町付近では、かつての川幅は100ｍを超えていたともいわれている。川は旧中山道（東山道）と交わり守山市の市街地の中を抜けていく。途中、分流を繰り返し、川の名前を変えるさまを見るにつけ、このかつての野洲川の水が、広大な下流域の沃野を潤し、さらには琵琶湖と10㎞も内陸部にある中山道・守山宿をつないでいた水上交通路であったことを実感した。

また、堺川の南側（栗太郡）に微高地が多くあることから、冒頭にも触れたように、地形的にも野洲郡ではなく栗太郡の勢力が近江最大の沃野における水管理の主導権（水利権）あるいは「政治力」を握っていたと確信した。そして、先に近江の中心地と述べたのは、この地域が南北をつなぐ琵琶湖と東西を結ぶ野洲川、それにつながる東山道という水陸交通の結節点であることも理由の一つである。

図1-8-1 芦浦観音寺

図1-8-2 芦浦観音寺の濠

図1-8-5 烏丸半島の弥生時代方形周溝墓

はじまり、食糧の中心は堅果類に求めながら生産物は掘立柱建物の倉庫に保管し、正楽寺遺跡などは関東から九州までの広範な物流の拠点でもあったことが出土した土器の特徴などからわかる。さらに後には、大陸起源の墓制に起源をもち、それと通じる木槨まで備えた墳丘墓・神郷亀塚を生んだ村へとつながるのである。

一方で、それら愛知川下流域の弥生時代村が多く展開する地域の背後にあたる観音寺山の裏側、距離にして5㎞ほど南西にある近江最大の前方後円墳・安土瓢箪山古墳のまわりには、こうした縄文時代や弥生時代の村の跡が見あたらない。同じように、愛知川下流域から北へ5㎞ほど行ったところの、近江では2番目の規模を誇る彦根市荒神山古墳のふもとにも目立った弥生時代の村は今のところ見つかっていない。全長でいう規模は3番目でもある大津市の膳所茶臼山古墳も同じ状況である。

弥生時代の墳丘墓は、亡き首長を擁立した基盤となる村を想定できるのに対し、古墳時代前期の近江を代表する全長100mを大きく超える大形前方後円墳の場合は、近接してそのような首長擁立村の痕跡がない。縄文時代後期の村からつながる弥生時代後期の村は、弥生時代墳丘墓を築いても、次の段階における古墳時代前期の大形前方後円墳はそれらの村とは無関係な場所にある。少なくとも琵琶湖を望む全長100mを超える首長墓は、その労働量からいってかつての近江国を挙げて築造する必要があった。つまりその段階では、縄文時代以来の地元の村など地域での関係は絶たれて、大形前方後円墳についていえば、古墳の造営の基盤は別の視点、例えばもっと広い列島単位の権力などから考える必要がある。

図2-1-1 神郷亀塚墳丘墓の主丘部

図2-1-2 神郷亀塚墳丘墓の側面

図2-1-3 安土瓢箪山古墳遠景

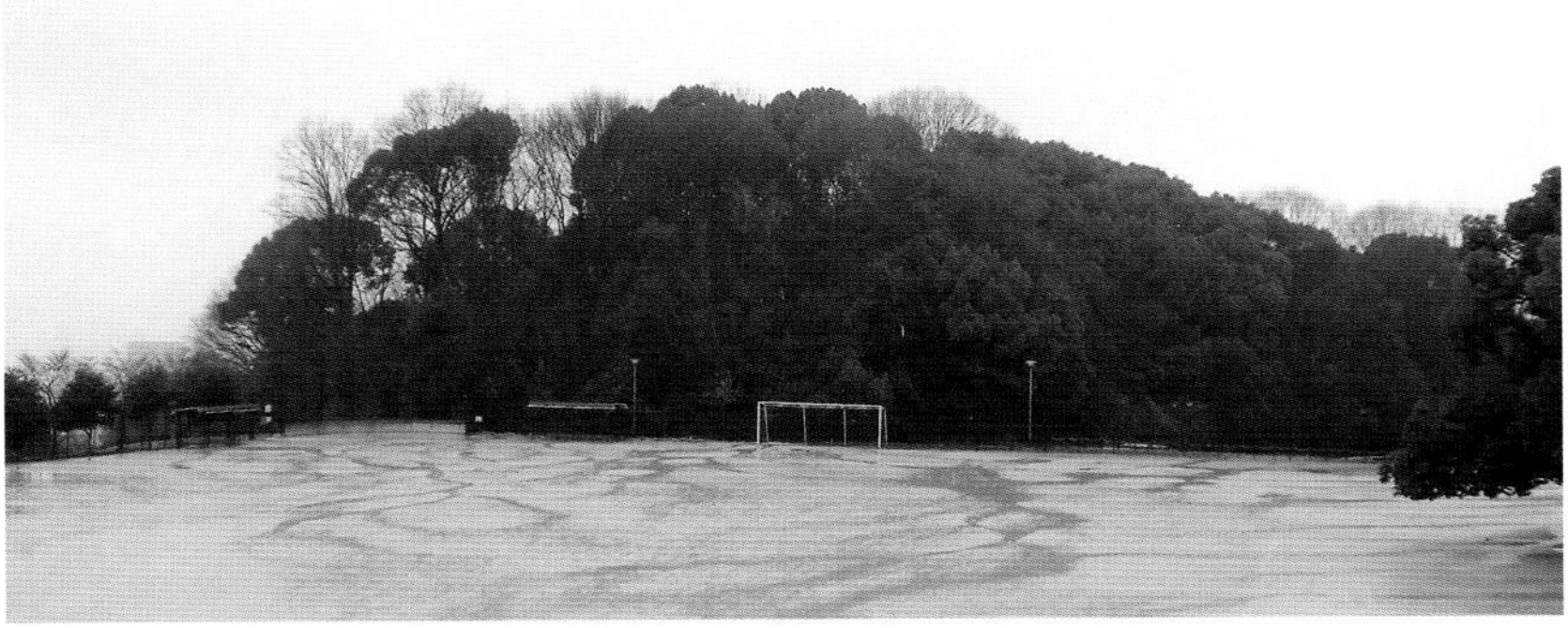

図2-1-4 膳所茶臼山古墳

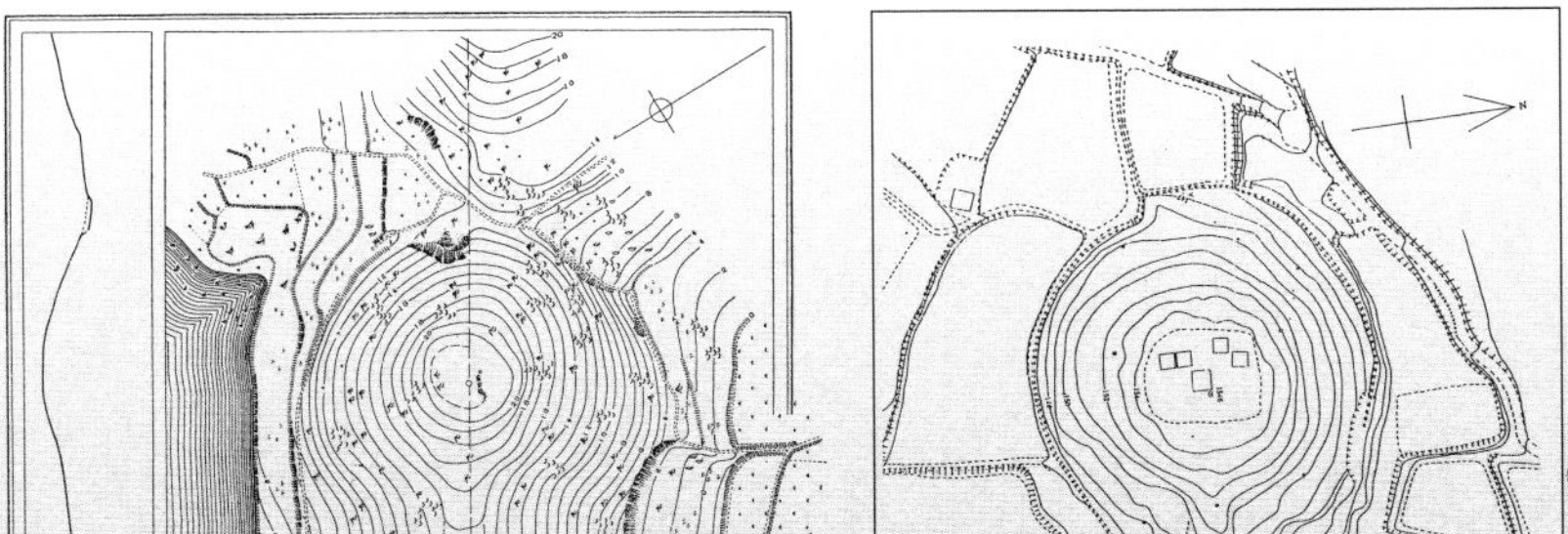

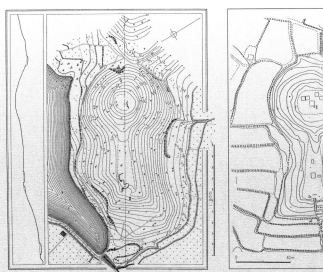

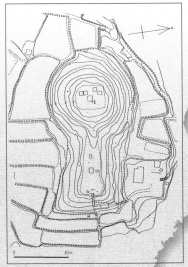

図2-1-5 安土瓢箪山古墳・膳所茶臼山古墳
（梅原1938・丸山1988）

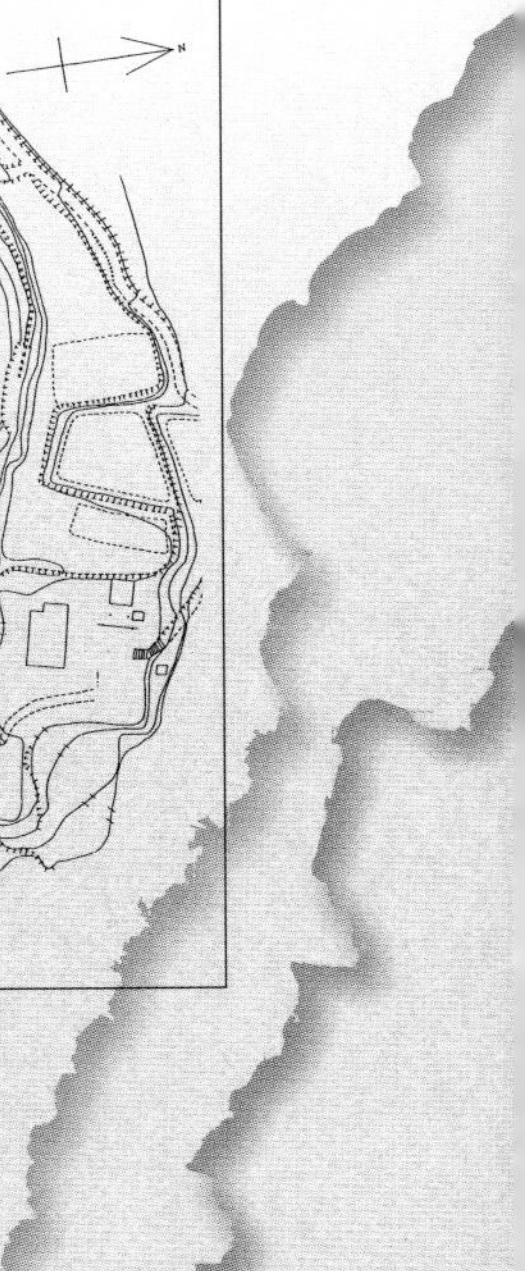

2 考古学者は古墳の年代をどのように想定したか

かつての日本の考古学は、古墳の築造年代をどのように追究していたのか。戦前に調査された古墳時代前期の安土瓢箪山古墳と後期を代表する鴨稲荷山古墳を取り上げる。梅原末治先生（元、京都大学）は、安土瓢箪山古墳の「遺跡の年代は（中略）支那鏡の存する点から、考定に一の標準を得る」が、「遺跡が鏡の示す年代よりも遡り得ないと云ふ事、即ち遺跡の上限を画するに役立つ範囲を出ない」と述べ、一つの鏡が後漢を下らず、別の鏡は魏晋代を遡らないから、「主室の営造が西紀三世紀を下ると云う漠然たるものにとどまる」。さらに下限は、「古式古墳の近畿地方に於ける営造は用明・推古両天皇代即ち西暦六世紀の後半にあ」るので「第四世紀から第六世紀の上半に亘る間の営造とする年代観の帰結が得られる」という。最後に、「本墳の示す処が年代の明な応神・仁徳両天皇陵に於て拝せられる整美さに様式先立つものである」と付け加える（梅原1938）。

その15年前の鴨稲荷山古墳の報告においては、すでに考古資料を相当に援用した古墳の年代が考察されていた。そこでは、古墳の外形、石室構造、石棺、土器、環頭太刀、耳飾、冠沓魚佩《ぎょはい》、鏡、馬具、鹿角太刀の10項目を検討した年代観を表にし、天皇、西暦、中国王朝名を入れた（表2-2-1）。そして10項目の帰属年代が最も重複する5世紀と6世紀の境にこの古墳の年代があたると考えたが、応神・仁徳天皇の時代を考慮に入れると、6世紀の継体天皇の時代に近いとした（濱田・梅原1923）。

しかし調査に参画した小林行雄先生（元、京都大学）によると、筑紫国造磐井《いわい》の墓を福岡県石人山古墳と仮定して熊本県江田船山古墳の年代を求め、鴨稲荷山古墳に伝わる継体天皇に関連した伝承により年代を想定したようである（小林1962）。

最近では新しい炭素14年代測定法の開発と年輪年代などによる暦年較正により、日本の考古学は「暦」年代志向が強い。こうした中、近藤義郎先生は晩年にこう記した（近藤2001）。「僕は、古事記・日本書紀・魏志倭人伝などの文献史料やその文献研究の成果を使うことを極力避けてきた。（中略）弥生時代と前方後円墳時代にほぼ限ってのことだが（中略）。昔は「高天が原」や「神武天皇」、今や「邪馬台国」や「卑弥呼」の論議がある。そういうものは本来、考古学には出てこない」。年代論についても、かつて「六世紀」という用語や「日本書記六六八年の天武天皇葬送儀礼」について触れたことを自戒して、「考古学にも「弥生時代」とか「前方後円墳時代」とかがあるではないか。前期・中期・後期、あるいは1期・2期・3期……10期という時期区分も、さらに細かい区分もあるではないか。またそれとは別に放射性炭素年代法や木材年輪年代法の結果を使ったらよいではないか、という意見がある（中略）。しかし考古学の側としては、それらを含め、これは絶対だといって「自然」や文献に任せてしまうわけにはいかない」。ただ、博物館の展示等において、学芸員として来館者を相手にすると、西暦○○年ごろ、○○年前、○○世紀という表現は、どうしても避けて通れないのも現実である。

図2-2-1 鴨稲荷山古墳

図2-2-2
鴨稲荷山古墳石棺

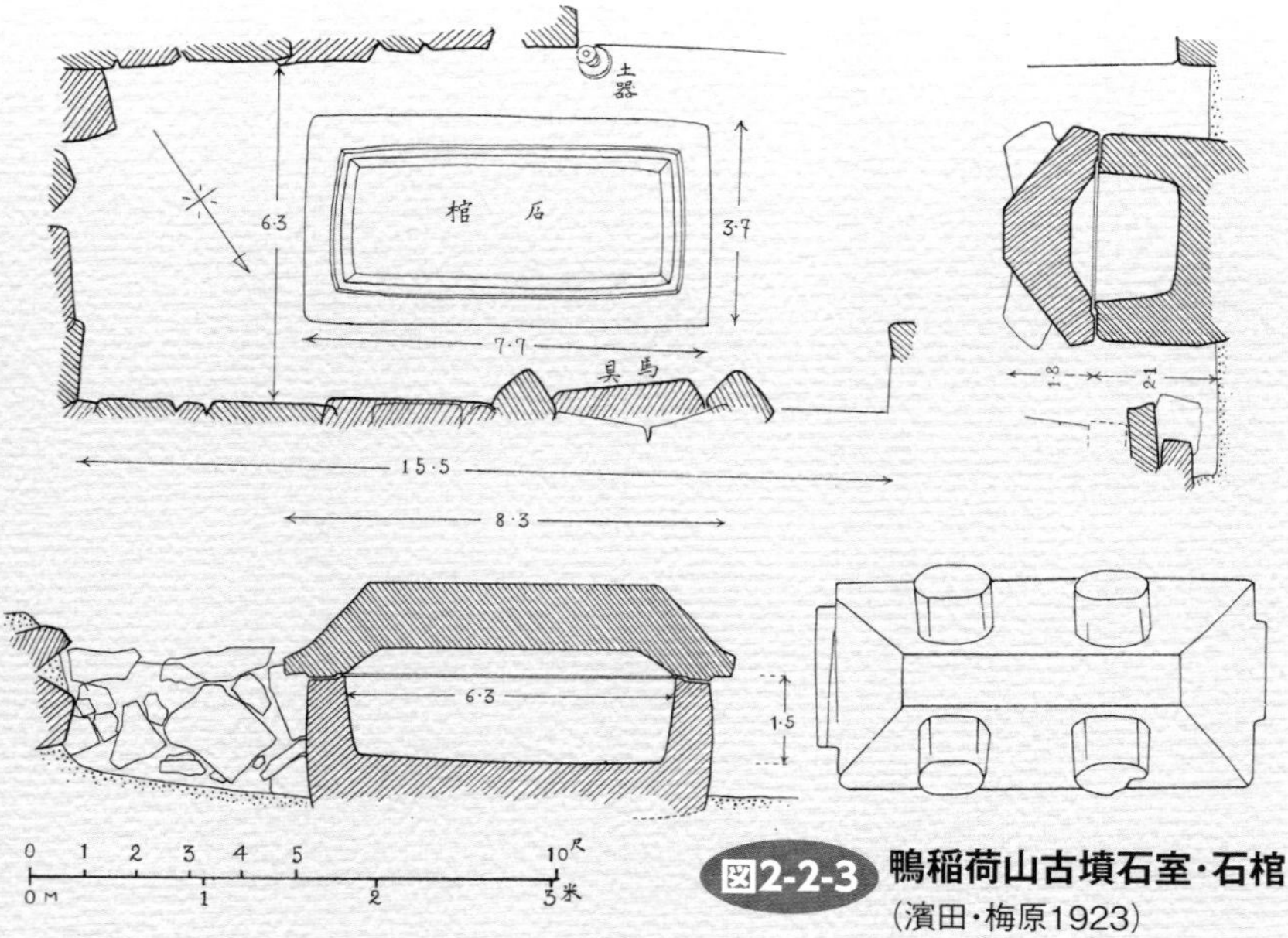

図2-2-3 鴨稲荷山古墳石室・石棺
(濱田・梅原1923)

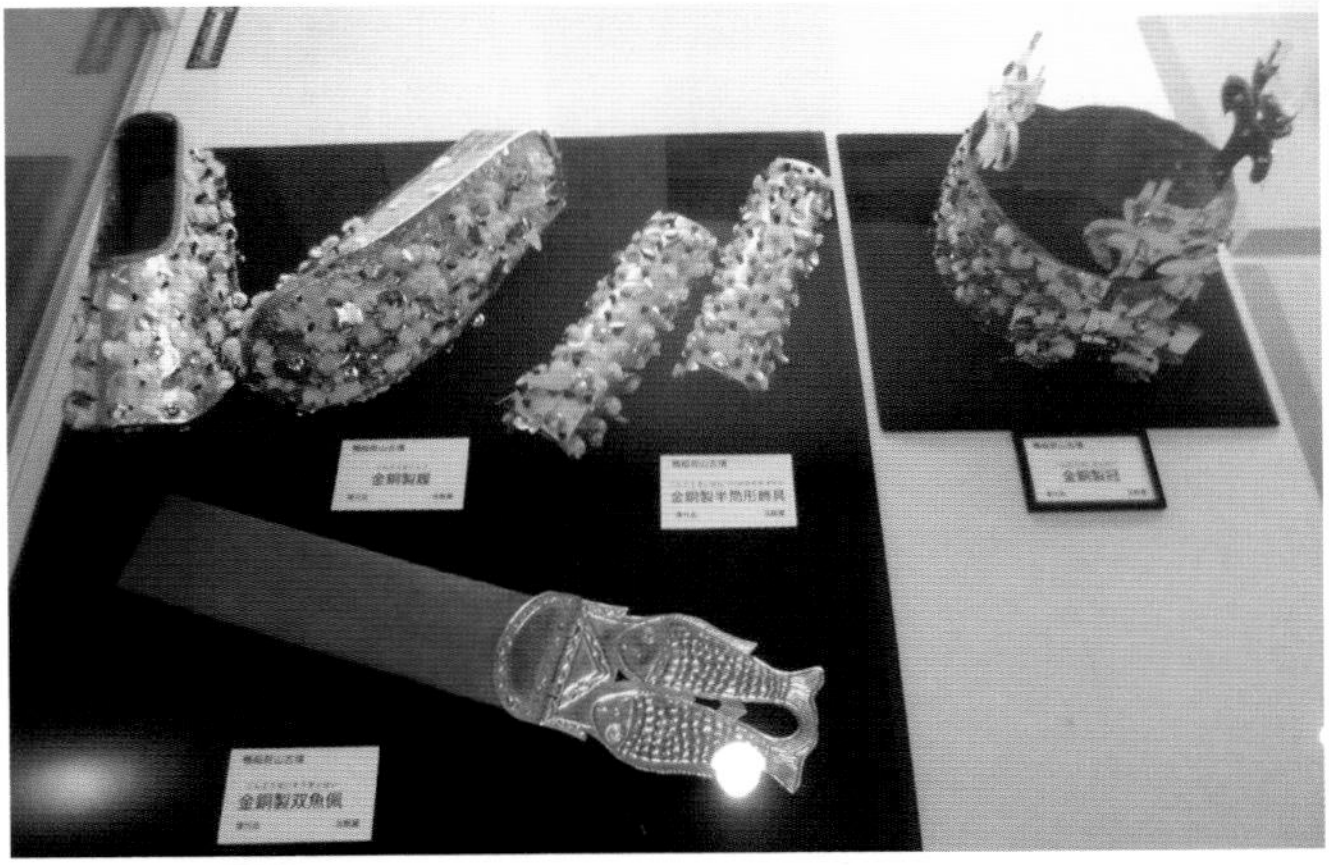

図2-2-4 **鴨稲荷山古墳出土遺物（複製）の展示**
（安土城考古博物館）

番号	品目 ＼ 日本	崇神 垂仁 仲哀 應神 仁徳 雄略 継体 欽明 推古 孝徳 文武 AD. 200 300 400 500 600 700
1	古墳外形	
2	石室	
3	石棺	
4	土器 石室中副葬品トシテ	
5	環頭大刀	
6	黄金耳飾	
7	冠沓魚佩	
8	鑑鏡	
9	馬具 石室中副葬品トシテ	
10	鹿角大刀等	
品目 ＼ 支那		AD. 250 350 450 550 650 後漢 三國 南 北 朝 隋 唐

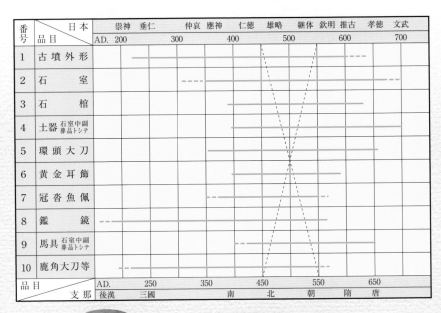

表2-2-1 **鴨稲荷山古墳の年代検討表**（濱田・梅原1923）

3 月の輪古墳の発掘運動と講演・講義

近藤義郎先生が「美作は山また山の国である」とも表現した中国山地。その山の中にある岡山県久米郡美咲町（旧、柵原町）にある月の輪古墳で1953年に行われた発掘調査は、日本考古学史の中でも異彩を放つ意義を持つ。地域住民、教師、学生・生徒らによってはじまった発掘は運動として広がり、その様子はスライド・記録映画・文集『月の輪教室』として残され、1960年に420頁を超える詳細な発掘調査報告書が刊行された（近藤ほか1960）。

特筆すべきはその発掘の体制だけでなく、それまでの古墳の発掘は部分的なトレンチ調査に終わっていたものを、直径60mの大形円墳の4分の3を全掘して葺石をあらわにしたこと、報告書は詳細な記録を極めた上に、まとめとしての「考古学的検討」「年代と性格」などはその一つ一つが優れた論考でもあった。発掘を指揮した近藤先生は、報告書のゲラ刷りができた時、その分厚い紙束を抱いて喫茶店で涙したという。

その月の輪古墳発掘から50年経った時のこと。橿原考古学研究所附属博物館で『映画「月の輪古墳」上映会と近藤義郎先生講演会』が開催されたことがある。博物館の今尾文昭さんの進行ではじまり、2時間の予定だったが、結局、先生は3時間半話を続けられた。しかし参加者はみな最後まで熱心に聞き入った。

月の輪古墳発掘は、戦後という新しい日本の歴史を学んでみたいという人々の希望が大きい時代だったからこそあのような運動・発掘ができたと思っていた。だとすれば、日本のほかの地域でもそんな遺跡や古墳の発掘運動が生まれてもよかったのに生まれなかった。滋賀県で、遺跡に人の興味の目が多く向いたのは、1964年の干拓時に見つかった近江八幡市の大中ノ湖南遺跡が最初かもしれない。時代の要請だけではなく、飯岡村という地の利に近藤先生を中心とした人の輪もあったようである。先生は地域で人を組織する能力を備えておられたように思う。

その時の近藤先生の「最古型式前方後円墳を考える」と題する講演もお聴きし、大学者ほど話は分かりやすいと改めて思ったし、古代史学者の吉田晶先生（元、岡山大学）はかつて、難しい話をする人は本人が分かっていないのだともおっしゃっていた。

ただ、戦前・戦後を代表する考古学者小林行雄先生の講義だけは難解であった。記憶を一つ紹介する。その講義は、古墳時代の鏡をテーマにした1975年の講義だったが、近藤義郎・春成秀爾・小野昭先生が毎朝、先生を先導して講義室へ来られ、教卓で丁寧に近藤先生が講義資料の入った風呂敷包みを開けておられた。その3人の先生は最前列で私たち学生と一緒にずっと受講されていた。

講義のはじまりは、いつも木製のお盆を定規代わりにして、黒板一面に数一〇個の円を10分ほどかけて描かれる。私たちは、それをじっと眺めている。そして円に神像などを記入しながら、鏡の分類をひたすら説明された。試験は、学年の若い人から順に鏡の拓本を自分で選んで、それについて述べよというものであった。小林先生も吉田先生も近藤先生も多くの業績は残されたが、もうみんな亡くなってしまわれた。

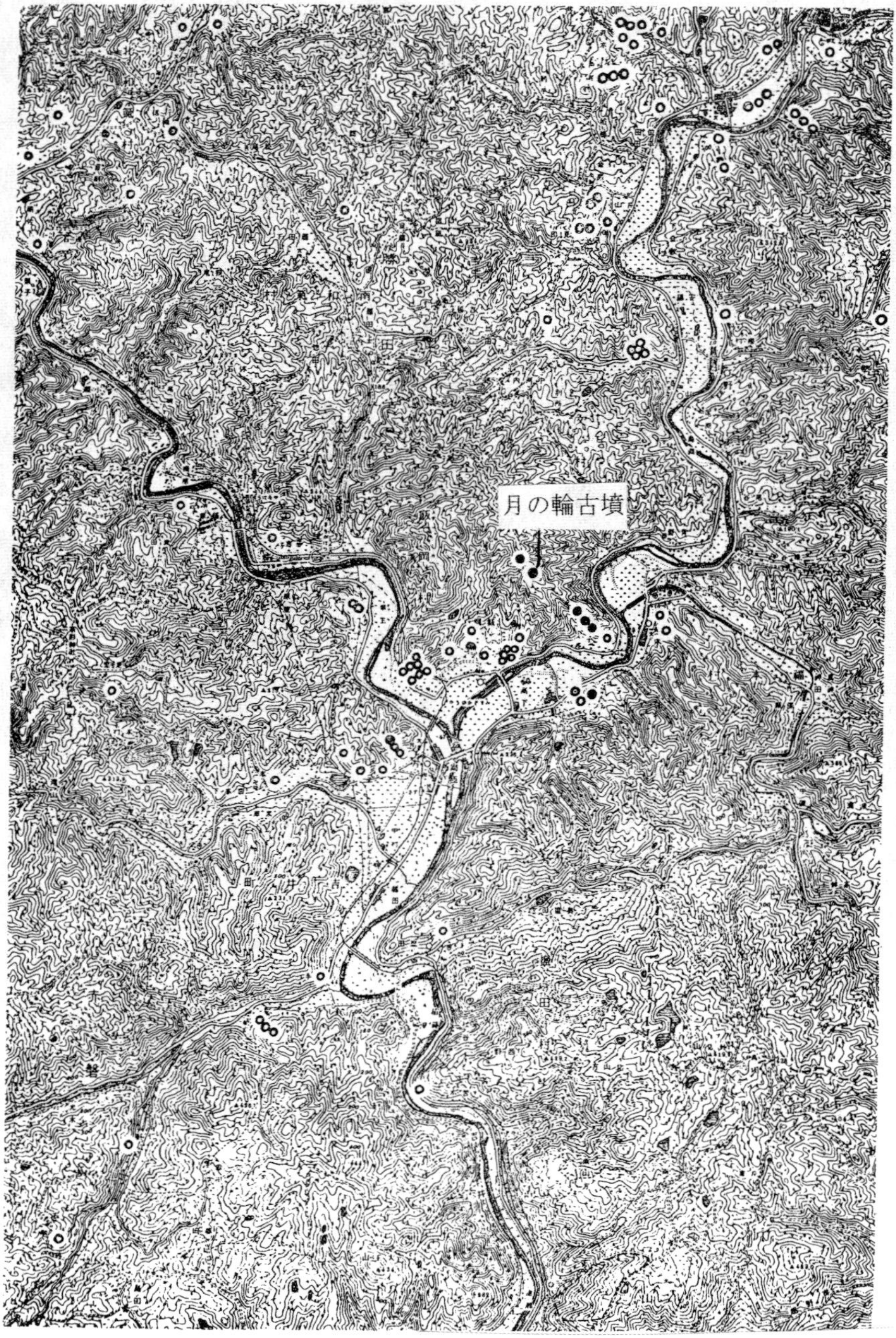

図2-3-1 山また山の月の輪古墳周辺地域の古墳分布図(近藤ほか1960)

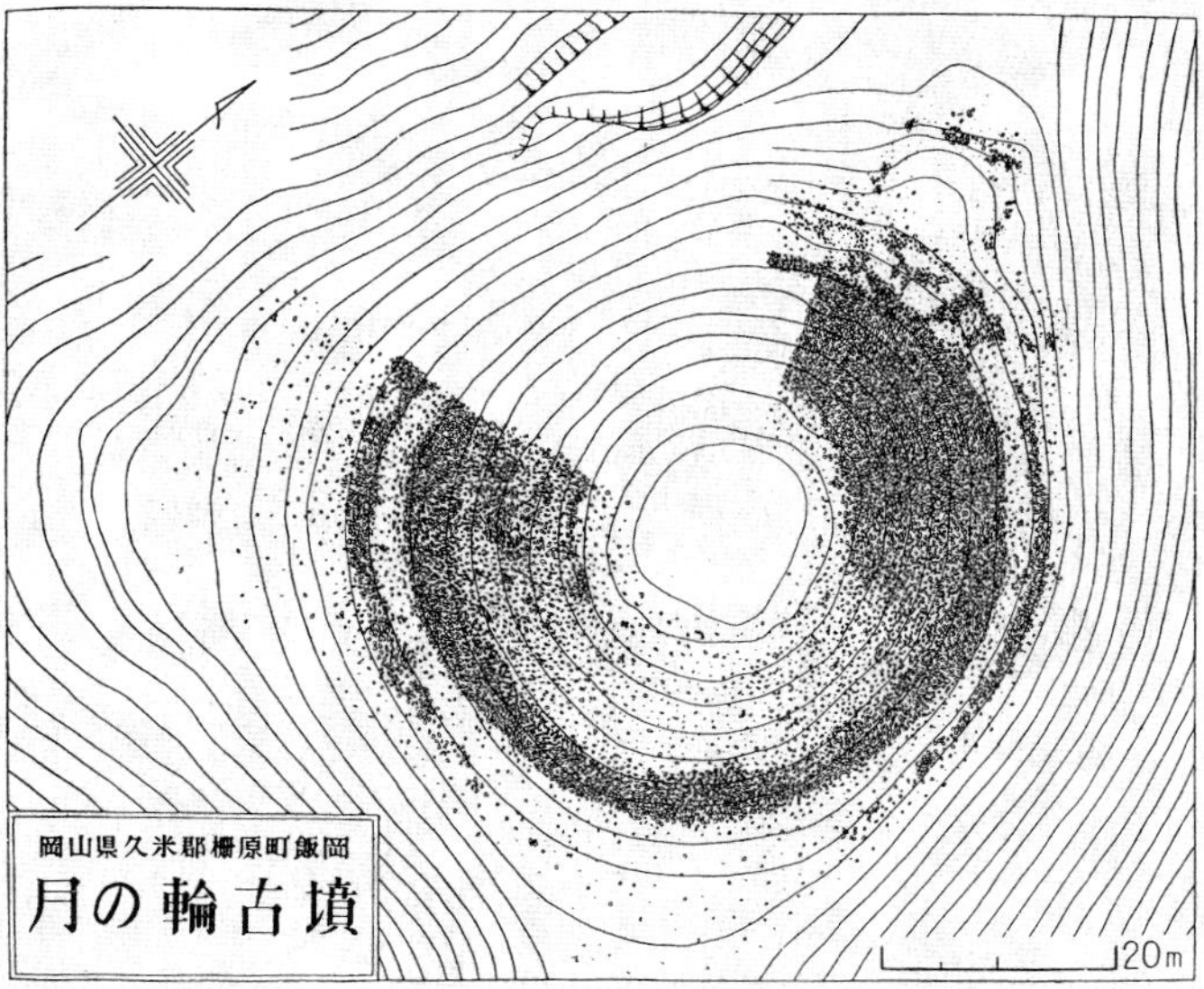

図2-3-2 **月輪古墳墳丘と葺石検出**（近藤ほか1960）

図2-3-3 **『月の輪古墳』**

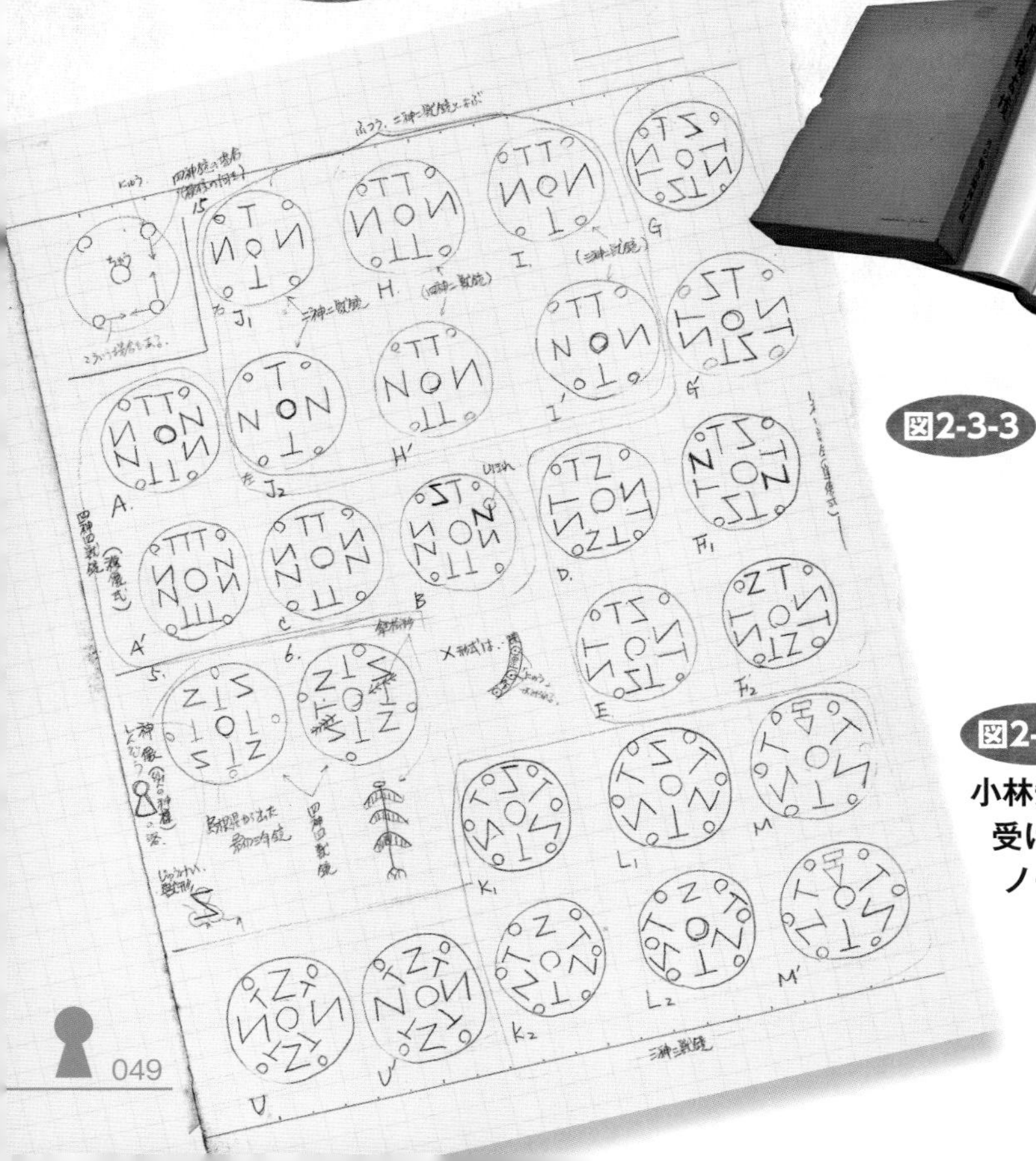

図2-3-4
小林先生の講義を受けた時の筆者のノート

4 「首長権」あるいは「首長霊」を継承した場である古墳

近藤義郎先生の発掘調査歴のまとめでもある『発掘五〇年』（近藤2006）の刊行にあたっては、そのお手伝いの作業を数年間続けてきた。大学研究室の先輩や仲間である藤田憲司さん（元、大阪府文化財センター）、安川豊史さん（元、津山市教育委員会）、岩本正二さん（元、草戸千軒町遺跡調査研究所）、光永真一さん（元、岡山県教育委員会）、秋山浩三さん（大阪府立弥生文化博物館）、乗岡実さん（元、岡山市教育委員会）など、かつての先生の教え子（元学生）たちと共に先生の記憶を再確認するような作業を行った。

それは、先生の当初の構想にあったかつての学生との一問一答形式による問答のことを指す。筆者などは週末ごとに先生のもとへ出向き、毎回2人ずつの先生へのインタビューと記録をこなしたこともあった。ほとんどは横でメモを取っていただけだったが、『発掘五〇年』に収められていない珠玉の文言がノートには残されている。近いうちに何らかの形で公表するなど、考古学界への貢献に資するものにしたい。

そのうちの一つは、鉄素材の朝鮮半島への見返りは「塩」であったという説。見返りは「人」（生口）であったかもしれないし、いずれにしてもなかなか証明できないことだと思っていたが、塩説は先生なりの論拠もある話であった。

ところで、前方後円墳に代表される古墳は、首長権あるいは首長霊継承儀礼の場であると一般的には知られている近藤先生の見解だが、「首長権」と「首長霊」は違うのではないかと考え、

『日本の考古学』（4古墳時代　上、5古墳時代　下）（河出書房、1966年）や先の項で触れた『月の輪古墳』（近藤ほか1960）までめくってその言説をたどってみた。

やはり当初は「首長権」としかいっておられない。その後「首長霊」が加わり、『前方後円墳の時代』（近藤1983）では「首長霊」が中心になっている。

私自身がこのことに触れるときは、定見を持たないので、古墳について初めて書いた1980年発表の論文では（用田1980）、「首長権ないし首長霊」と併記したし、一語で代表させるときは「首長権」と称しているが、最近では単に「葬送儀礼の場」「古墳祭式」と呼んでいる。

皇位継承者が、密室において真床覆衾《まどこおぶすま》にくるまることを通じて皇霊を継承するとされている大嘗祭の即位儀礼との共通点を見つけようとする意見（佐野1956）などを参考にしながら、平成天皇から次の天皇への代替わりに伴う2019年の儀式あるいは行事に際して、何かヒントはないかと考えながら、テレビで伝える宮中行事に目を凝らし、『古墳時代の葬制と他界観』（和田2014）や『大嘗祭―天皇制と日本文化の源流』（工藤2017）などを読んでいる。改元の機会に自分の考えをいずれはっきりさせたい。

5 古墳の竪穴式「石室」から「石槨」への言い換え

前期古墳の中でも、その典型であり代表でもある定型化した前方後円墳など代表的な首長墓の内部主体構造は、多くの場合「竪穴式石室」と日本考古学では長く呼んできたが、1980年代の終わりごろには、時折「竪穴式石槨」という言い方を目にするようになってきた。この竪穴式石室を竪穴式石槨といつから呼び変えたのか、誰が最初に言い出したのかを少し調べる機会があった。

1988年11月に、兵庫県播磨町で開かれた『邪馬台国時代の鏡・土器・墓』と題するシンポジウムでの宇垣匡雅さん（元、岡山大学・岡山県教育委員会）の発言が最初だと思い、直接本人に聞いてみましたがどうも違うようであった。

「僕じゃねーです。たぶん近藤先生じゃねーかと思うのですが、今や地方の末端にいて住民と話しょーると石室でも石槨でもどうでもようなっとります」とのこと。博物館でもしかりであるが、逆に博物館だからこそはっきりしておく必要がある。

当時は、近藤先生もまだ「石室」と称しており、1991年の兵庫県権現山51号墳の報告書が先生による「石槨」の初現かと思ったが、1986年11月22日付の前方後円墳研究会による古墳カード作成マニュアルには、既にそのことが記されていた。その4日前の11月18日、学習院大学での講演会で近藤先生は、古墳は「石室」と呼び、弥生墳丘墓は「石槨」と言い分けていた。ますます初現は複雑でわかりにくくなってきたが、先生が多少関わっていることは確かなようである。

いずれにしても、古墳時代後期の横穴式石室に対して、それ以前を中心とする内部主体を竪穴式石室と呼び始めたのであるが、前期のそれは「室」と呼ぶほどの空間ではなく、木棺を被覆するかのような余裕のない構造であることが一つ。加えて、それらの前段階として、大陸由来の木槨構造の内部主体が列島で発見されるようになり、古墳時代のはじまり前後には、「木」が「石」に置き換わっていったと考えられるようになったことがその変化の理由であろうまた、「竪穴式石槨」にひっかかっていたら、「竪」か「縦」でまた悩みはじめた。春成秀爾先生は、佐原真さん（元、国立歴史民俗博物館）にあわせてか「縦」を使っている。でも「縄文」は正確には「縄紋」だが、「通例にならって」と断わりを入れて『イミダス』（集英社刊の現代用語辞典）の担当項目中ではしばらく「縄文」を使っておられた。

何かにつけちょっと悩むと、近藤先生、春成先生、それに都出比呂志先生（元、大阪大学）や田中琢さん（元、奈良国立文化財研究所）、吉田晶先生、古くは小林行雄先生の本を開く。先学はどう理解・表現していたかを知るために。また、論文執筆時の項目タイトルや科学研究費などの応募書類を書くときの参考のため、用語集を私は作っている。先人がこれまでの著述の中で使ってこられた概念的・抽象的な用語を集めたもので、近藤、春成先生らの名前と共に、体系・卓越・契機・交錯・検証・変容・変態・矛盾・解体・変異・動態などやや耳障りの良い用語が並んでいる。

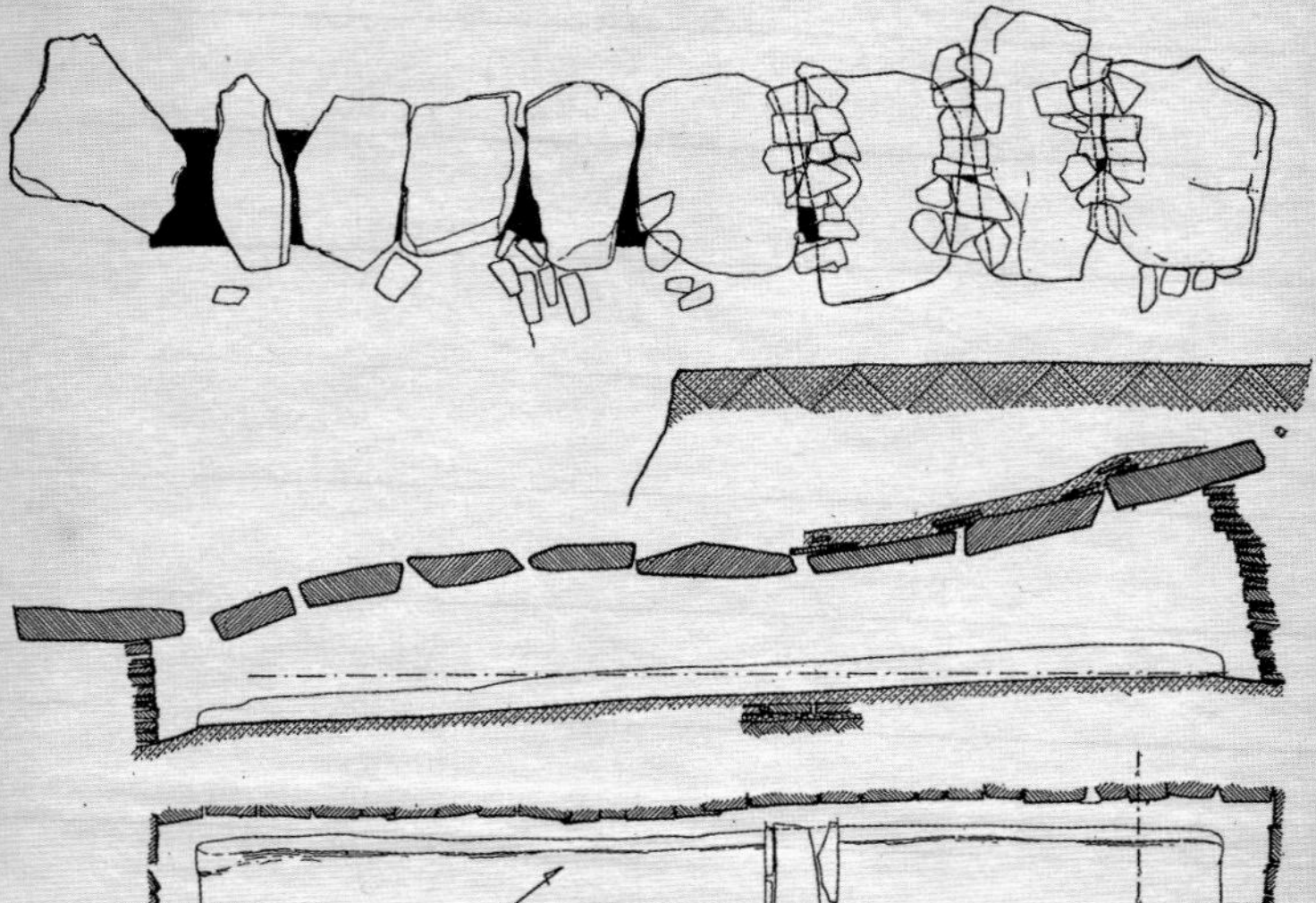

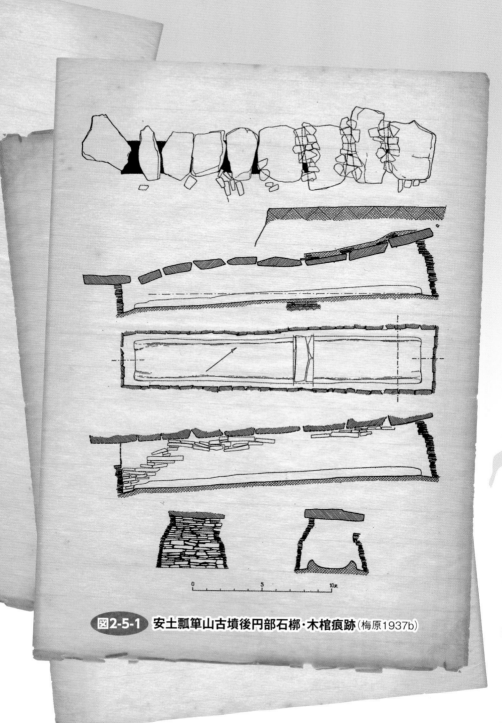

図2-5-1 安土瓢箪山古墳後円部石槨・木棺痕跡（梅原1937b）

図2-5-2 安土瓢箪山古墳石槨（現状）

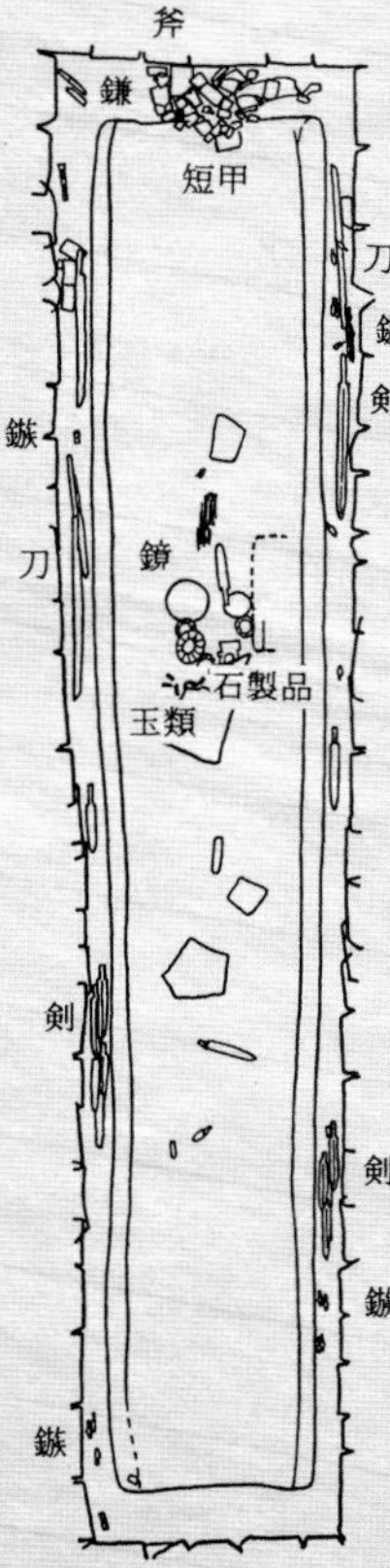

図2-5-3
安土瓢箪山古墳中央石槨
（梅原1938）

図2-5-4 安土瓢箪山古墳石槨模型
（安土城考古博物館）

6 相次ぎ発見された「前方後方墳」は「前方後方形墳丘墓」か

20世紀の終わりごろから近江ではいくつかの「古い前方後方墳」が相次いで発見され、実際に発掘調査も行われた。1999年、琵琶湖に面した湖北・古保利丘陵の尾根上にある長浜市(旧、高月町)小松古墳が、「最大、最古の前方後方墳」で、邪馬台国や狗奴国《くなこく》と交流」した「湖北支配の王墓」と報道された。全長約60mの小松古墳は「3世紀中ごろの国内最古クラスで、この時期の前方後方墳としては全国最大」という記事であった。

2001年には、「最古級の前方後方墳」「邪馬台国に対抗　狗奴国の関連墓か」という見出しで、東近江市神郷亀塚の調査成果が報道された。周濠のある全長約38mの「前方後方墳」は、高さ約3・8mの盛土による墳丘を誇り、「古墳時代最古の土器」が出土するため「西暦230年前後、3世紀前半の築造」という。そして前方後円墳を築いた邪馬台国に対し、この古墳の被葬者は「狗奴国グループの首長墓」であるという。

高島市熊野本6号墳・12号墳の調査結果も、その1か月後に発表された。「最古級3世紀前半の前方後方墳」(6号墳)と「3世紀中ごろの前方後円墳」(12号墳)が見つかり、古墳時代前期に前方後方墳から前方後円墳に変化していくことを裏付け、「日本海沿岸との交易ルート拠点」である「邪馬台国時代のクニの一つ」とのこと。なお、この12号墳は、のちの筆者の踏査では前方後方形と判断した(用田2012)。

「前方後方墳」は、定型化した前方後円墳の成立後に築かれた「古墳」の一形式で、「前方後方形周溝墓」や「前方後方形墳丘墓」はそれとは異なり、前方後円墳成立以前の弥生時代「墳丘墓」の一形式である。中でも墳丘が残らず結果として溝だけで残されたものを前者、丘陵上に築かれて墳丘を残したものを後者とするが、両者を総称して「前方後方形墳丘墓」と呼ぶ時もある。つまり「墳丘墓」は「古墳」に先行する。

これら墳丘墓は、定型化した前方後円墳の成立をもって画する弥生時代から古墳時代への過渡期に築かれることが多いため、区別困難なことが多い。しかし近江においては、前方後方形の場合、著しく前方部が低い。また、その全体規模に対して後方部の墳頂平坦面が弥生時代の、いわゆる集団墓のように広い。よって、古墳の一形式としての前方後方墳と前方後方形墳丘墓は、墳丘を観察すれば何とか区別可能となる。発掘した場合は、内部主体の規模で線引きされ、その違いはさらに明瞭であるがここでは触れない。

さて、前方後方形周溝墓あるいは前方後方形墳丘墓は、山上では大津市皇子山1号墳や長浜市大森古墳を含めてほぼ確実なものは5基知られるが、前方後方形墳丘墓と前方後円墳成立後の前方後方墳が、現在の長浜市北部地域では混在する可能性もある。

一方で、平地に多い前方後方形周溝墓は、野洲川下流域を中心に20基ほどある。前方後方形墳丘墓は山上のものが高時川下流域に、平地のものが野洲川下流域にそれぞれの分布の中心を持ち、後者が先行するとも考えられる。いずれにしても近江においては、基本的にこうした前方後方形の墳丘墓が前方後円墳の出現に先行するようである。

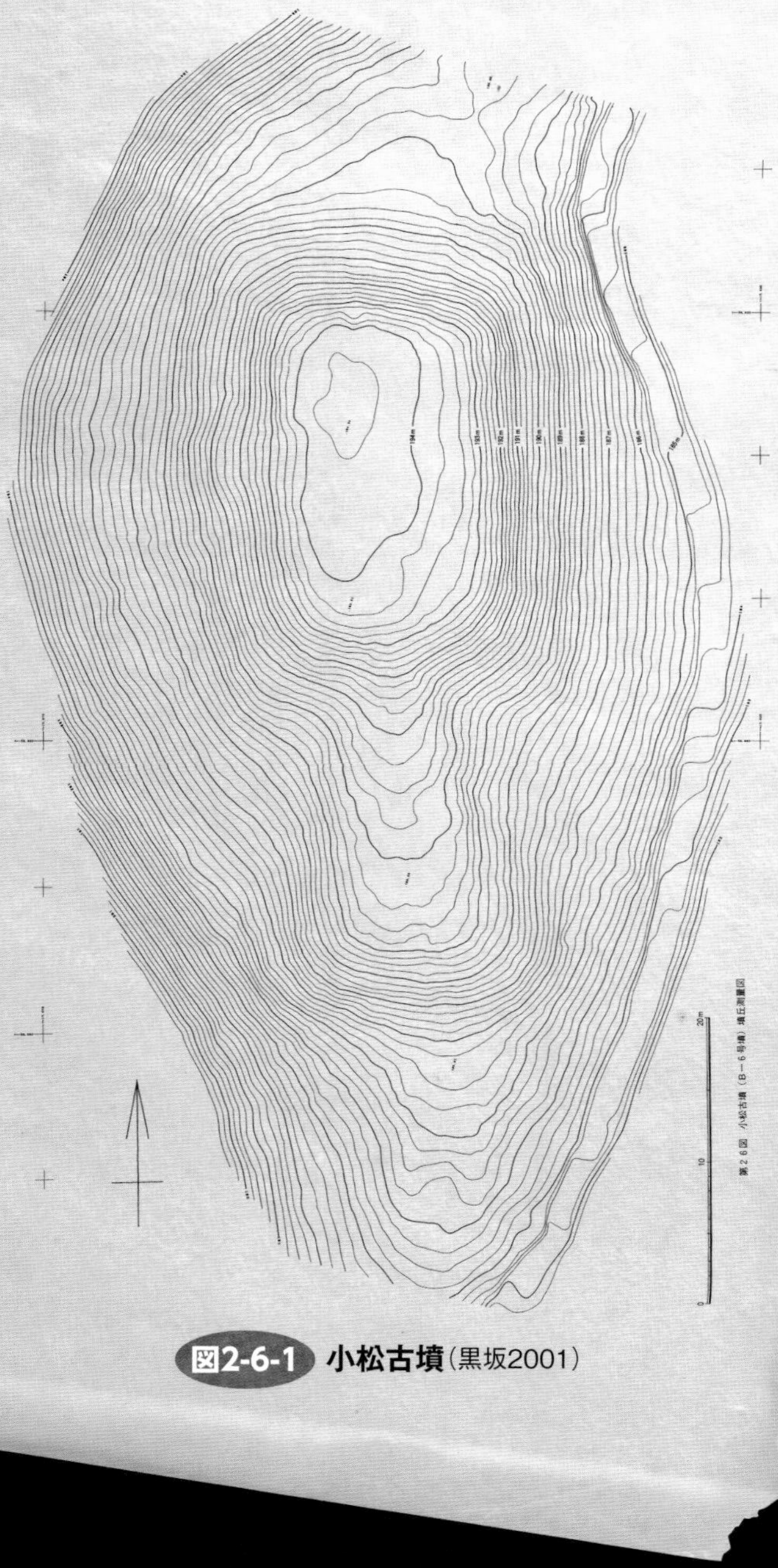

図2-6-1　小松古墳（黒坂2001）

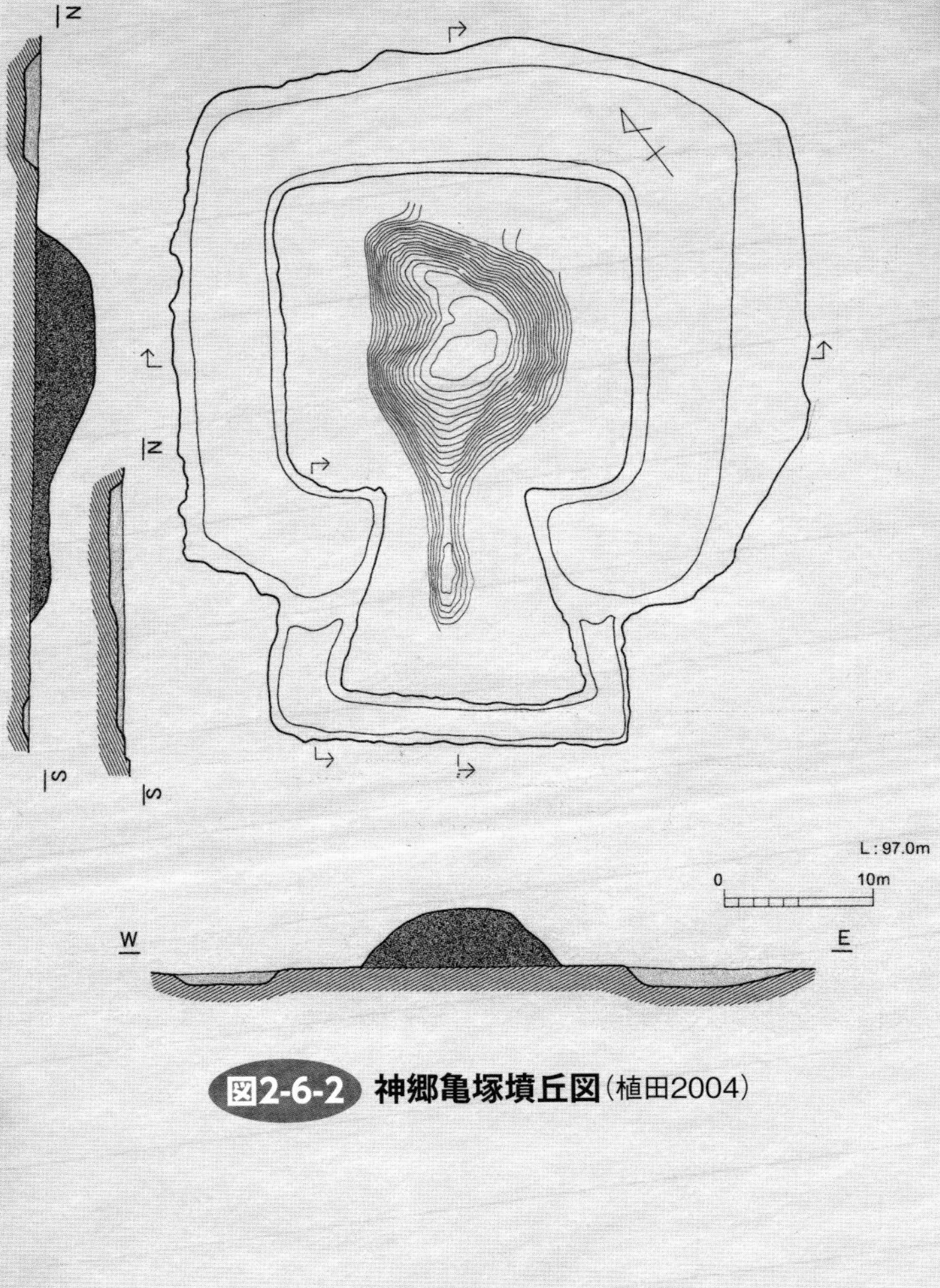

図2-6-2 **神郷亀塚墳丘図**（植田2004）

7 考古学・博物館学の古典とそこにみる古墳の項

中国での考古・民俗調査を行うにあたって、中国語会話や学習に必要かと思い電子辞書を買ったが、それには中日辞典をはじめとする78もの辞書類の他に、日本文学300、世界文学100作品が電子書籍として収録されていた。その日本文学『坊ちゃん』や『伊豆の踊子』に混じって、濱田青陵『博物館』が含まれていた。これは、戦前、京都帝国大学総長までつとめた考古学者・濱田青陵（本名、耕作）先生による考古学入門書であり、文学作品ではなかった。

１９２９年（昭和4年）に刊行されたこの本は、１９４１年に『考古学入門―博物館―』と改められて創元選書の一編に加えられ、１９６２年に『やさしい考古学』、さらに１９７６年には、講談社学術文庫の一冊として『考古学入門』と再び題されて、最後は小林行雄先生（元、京都大学）の解説付きで出版された。

濱田先生は日本考古学の基礎を築き、『通論考古学』（大鐙閣、１９２２年、後に復刻（雄山閣、２００４年））という考古学の最も基本的な文献として知られる名著があるが、それを易しくしたものがこの本で、いわば考古学の古典である。ここでは、博物館の陳列品を通じて考古学の知識を説くという内容で、結果として博物館とは何かも説明しようとしている。さらには、先生が中心になって作り上げられた京都帝国大学の考古学陳列室を実際の書物の上に写したともいわれ、82枚にものぼる挿絵も先生が描かれたもので、現在の高島市にある鴨稲荷山古墳出土の金銅製冠も描かれている。

小林行雄先生は、日本考古学の概説書として名高い『日本考古学概説』（東京創元社、１９５１年）を戦後になって書かれ、１９７０年代に考古学を学んだ筆者らのテキストでもあったが、その構成や図版の挿入など、小林先生は濱田先生のこの本の通史部分を手本にしながら書かれたことに気がつく。

その章立ては、博物館とは何か、世界の博物館の紹介、考古学とは何か、旧石器時代と新石器時代の区分、日本の縄文時代から奈良時代までの考古学概説、戦前における博物館学と考古学の基礎がほぼ網羅されている。

今回、古墳の項を中心に改めて読み直したところ、やはり「朝鮮と満州の古墳室」の項が、今の日本考古学を学ぶ私たちにはやや縁遠いテーマが分かりやすく書かれているため、真剣に読み進められた。戦前ならではの業績がやさしくまとめられていて助かったというのが感想である。

ただ、先生が最も留意された挿図だけは電子辞書では見ることができない。この点がこの書籍の難点かと思うが、いずれにしてもこの古典が日本を代表する文学作品に含まれていたことを、博物館に勤めた考古学徒として嬉しく思った。

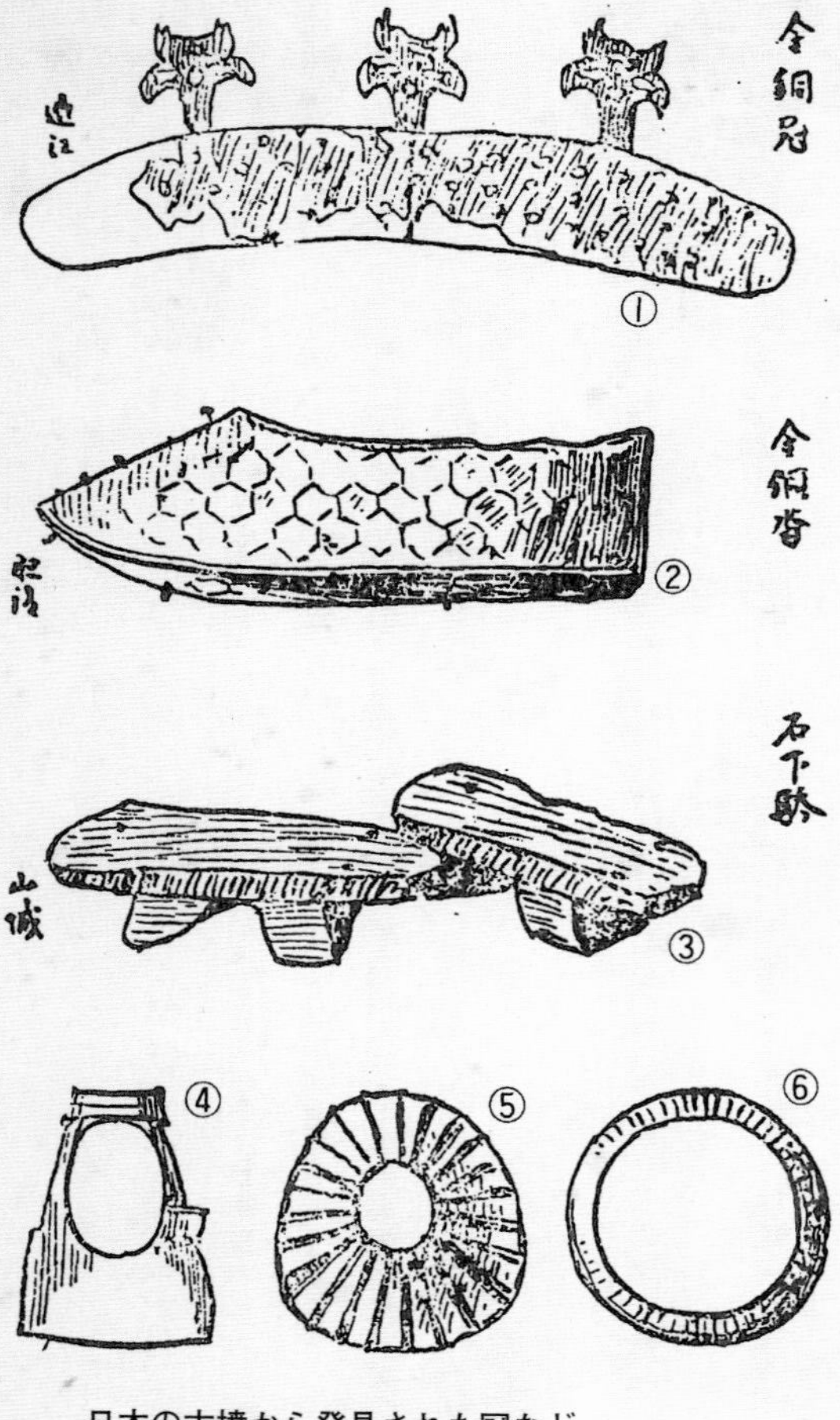

日本の古墳から発見された冠など
①は滋賀県の金銅冠、②は熊本県の金銅沓、
③は京都府の石下駄、④と⑤と⑥は腕輪形の
石製品

図2-7-1 『考古学入門』記載の鴨稲荷山古墳出土金銅冠（濱田1976）

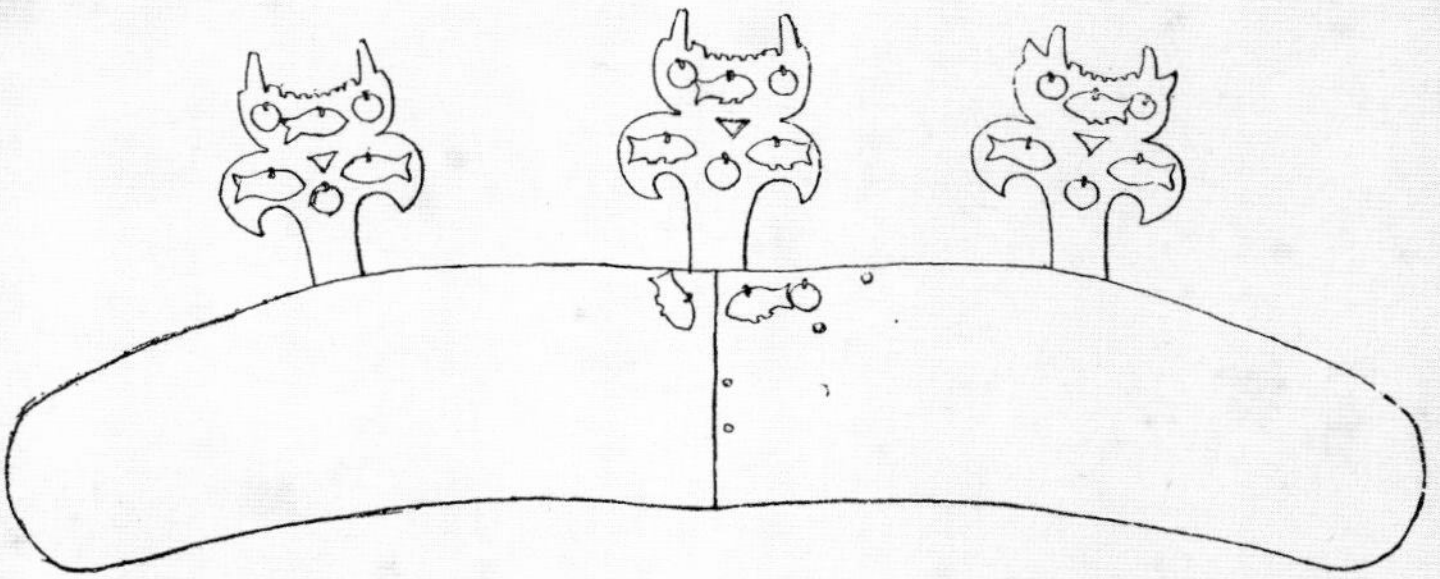

(Fig. 5a)　第五圖 金銅冠復原圖

図2-7-2 鴨稲荷山古墳報告書記載の金銅冠（濱田・梅原1923）
（原本は濱田1929）

第3章　古墳の形からみた近江の地域性

1　円墳の出現から大形前方後円墳の成立へ

前方後方形周溝墓や前方後方形墳丘墓が、弥生時代末に琵琶湖のまわりでは築かれるが、その次の段階には中国製三角縁神獣鏡などを副葬した円墳の、大津市織部古墳、栗東市六地蔵岡山古墳、野洲市大岩山第二番地山林古墳・大岩山古墳・古富波山古墳などが主に湖南に築かれ、これらは埴輪を備えるものもあるが埋葬構造は粘土槨のようである。このあり方は近江の古墳を最後まで特徴づけるし、前期古墳での複数埋葬（「墳丘併葬」（近藤１９８３））も近江の古墳の特徴として加えられる。

近江八幡市安土瓢箪山古墳以外でも、ほぼ同時期で同様の規模を持ち、葺石があり埴輪も備える前方後円墳が近江では3基知られるが、先述の「前方後方墳」とは年代的に開きもある。この間を埋めるのが、野洲川下流域の野洲・栗太郡の三角縁神獣鏡を配布された首長を葬る円墳群である。弥生時代以来の伝世鏡をもたないことから、その墳形からもこの地域の首長は倭王権に対して、よくいえば独自性を貫いていたと考えられる。また、やや内陸部の沖積地縁辺部あるいは丘陵上にあることは、次の大形前方後円墳のそれとは大きく異なるのである。

その古墳とは、次の段階で出現する安土瓢箪山古墳や彦根市荒神山古墳・膳所茶臼山古墳であり、長浜市若宮山古墳などの前方後円墳はそれらにやや先行する可能性もある。その位置も先の拠点的な円墳群を避けて、湖の北と南で直接湖を望みながら内湖や入江など「船津」を想定できる場所に近い。なお、以下「船津」や後に出てくる「渡津」は松原弘宣（松原1979）に依る。

拠点的な円墳群を築いた地域の首長の、その後は、最新かつ高級な副葬品を備える栗東市新開古墳（1号墳）などが5世紀後半に知られる。副葬された剣はすべて鞘入りであり、倭王権のあり方にならっているが、むしろ古墳時代前期から、円墳でありながら複数の埋葬構造があり、質・量共に豊かな副葬品を持っていることが特に栗太郡の首長墓の特徴である。野洲川下流域の扇の要の位置には、その左岸に古墳時代の大きな村である栗東市岩畑遺跡・高野遺跡・辻遺跡が展開する。岩畑遺跡は、特に鉄鏃や鉄剣などの武器を常備していた特別な村である。また後期には、栗東市辻遺跡の陶質土器・韓式土器、和田古墳群のイモ貝装鉄製雲珠や純金・銀製の耳飾、小槻大社10号墳の須恵器の角坏など、出土遺物から朝鮮半島・大陸などとの窓口を思わせる副葬品を持つのがこの栗太郡の首長たちである。

彼らは、倭王権の外交担当ではなく、畿内と朝鮮半島・大陸とをつなぐ重要な経路の一つが日本海・琵琶湖ルートであり、この湖上を中心とする交通の要衝を実質的に掌握していたのが栗太郡の首長であったことから、入手できた品物であったとも考えられる。一方では、栗東市椿山古墳のように前方部を備えていても短いもの、あるいは墳形は帆立貝形や円形でしかなく、純然たる、あるいは定型化した前方後円墳を築くことを倭王権からは許されていなかったのである。

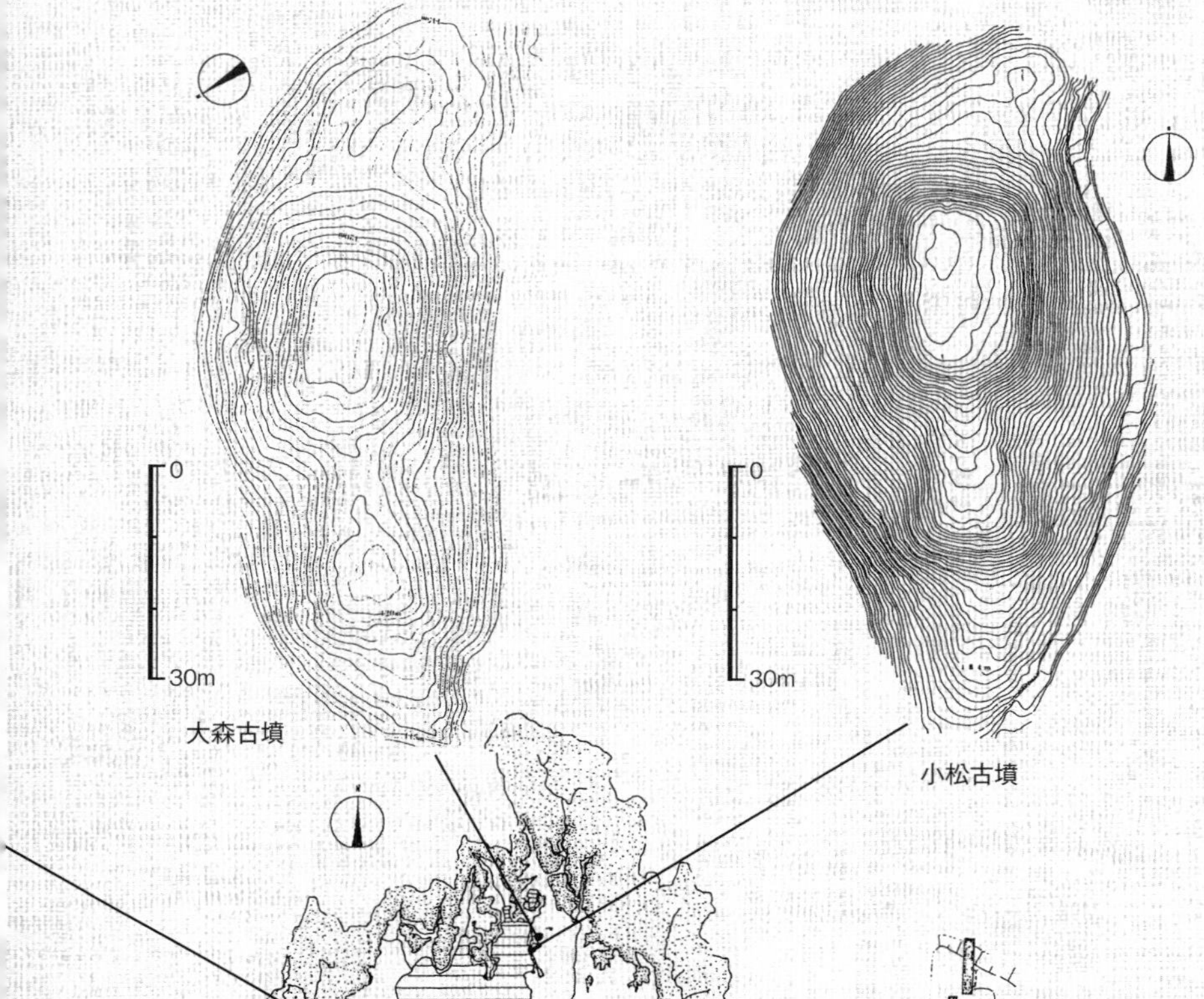

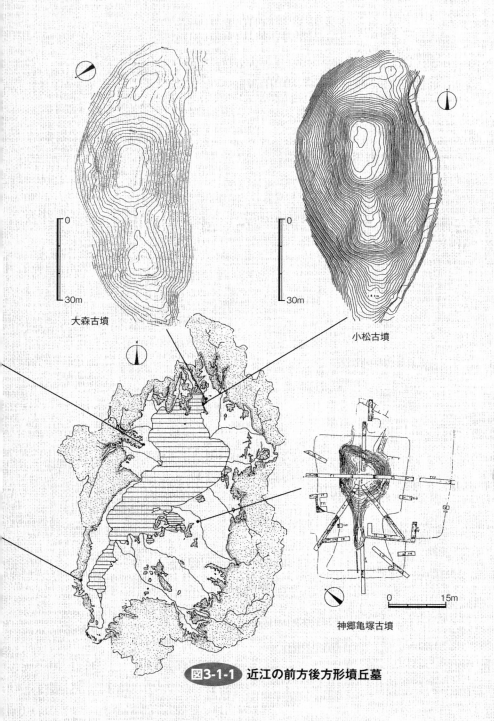

図3-1-1 近江の前方後方形墳丘墓

図3-1-2 前期の円墳（古富波山古墳）跡地
（1976年11月筆者撮影）

図3-1-3 六地蔵岡山古墳の丘を望む

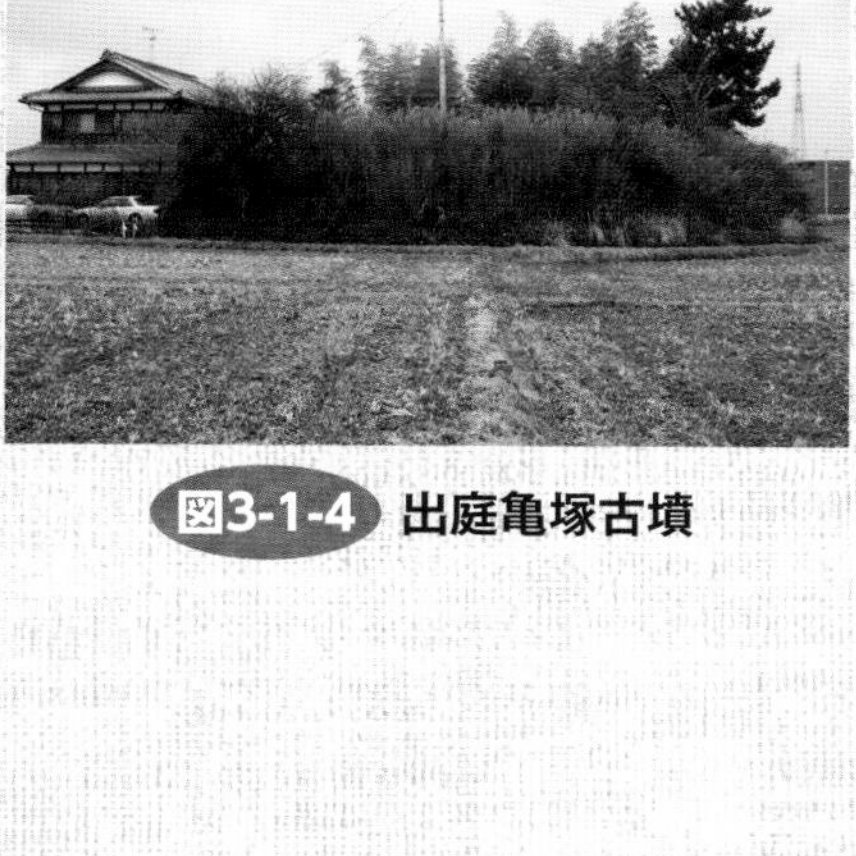

図3-1-4 出庭亀塚古墳

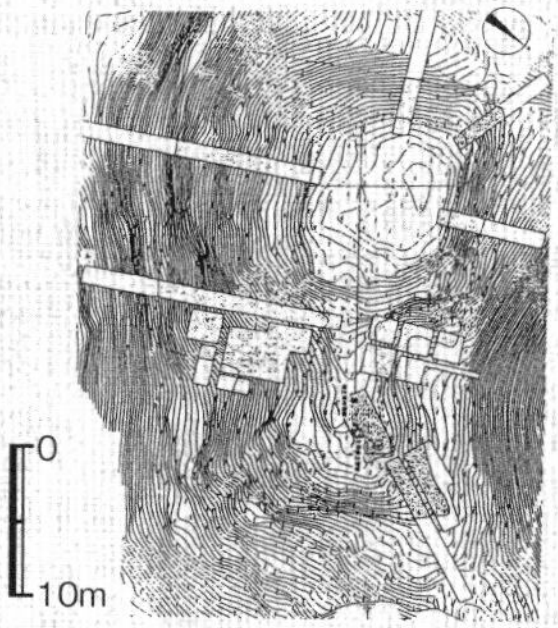

熊野本６号墳

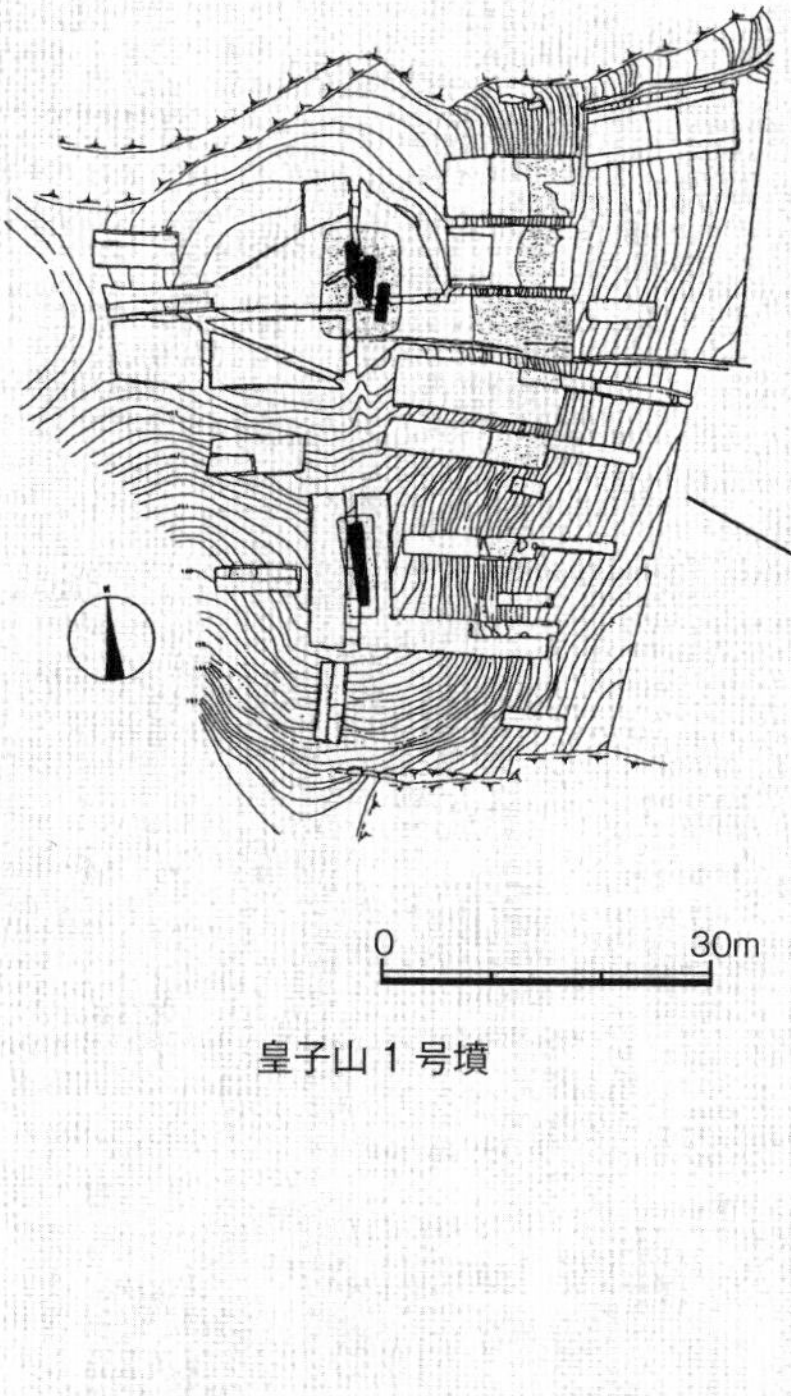

皇子山１号墳

2 琵琶湖を制した最初の地域の首長とは

琵琶湖の幅が最も狭いところは、今の琵琶湖大橋付近であるが、そのたもとにあるのが日本の中世史を語る上で欠かせない堅田の村、現在の大津市堅田である。

この村の漁民は、かつては琵琶湖上を自由に行き来したり、琵琶湖のどこででも漁ができる権利を持っていたことで有名である。今から千年ほど前の平安時代終わりごろ、京都の下賀茂神社に供え物をすることと引き換えに、その堅田の特権を認めたのがはじまりだといわれている。今でも毎年5月の葵祭の前日祭儀として、献饌供御《けんせんくごにん》人行列が湖魚を持って下賀茂神社へ向かう行事が行われている。

琵琶湖のいわばのど元を抑える位置にある堅田であるが、その西に接して春日山丘陵がある。ここには古墳時代前期から後期の横穴式石室墳まで総数200基以上の古墳が知られており、丘全体が国指定の史跡にもなっているが、前方後円墳は2基しかない。ともに琵琶湖からよく見える丘陵のふたつのピークにあり、最近では下草刈りが行き届き、古墳の形が現地でよく観察できるようになってきた。

これらの古墳は、春日山E1号墳とE12号墳と呼んでいるが、最近、詳細に観察したところ、2基とも全長が59mと、規模が全く同じであることがわかってきた。中国・魏、晋代の一里は300歩、一里は435・6m、1歩は1・45mからすると、それらの全長は40歩という切りの良い数字になる。

また、その前方部の平面形はともに三味線のバチのように広がり、卑弥呼の墓ともいわれる奈良県箸墓古墳のそれに、規模は違うがよく似る。

古墳の墳丘を飾る埴輪や葺石は見られないが、琵琶湖側だけ見栄えがするような墳丘の段を設けていることや前方部東側に墓道とおぼしき「隅角《すみかど》」が設けられていることなどからも、堅田の村が成立するずっと以前に、琵琶湖ののど元を制した2人の地域を代表する首長の墓か、その家族の墓だと考えられる。いずれにしても、ほぼ同時か大きく時間をおかずに2基は築かれたようである。さらには、死者を葬る後円部の上の平坦面が後円部の直径に比べてともにとても広く、弥生時代の集団墓の様相をよく残している。つまり、1人を葬るにはそんなに広い場所は必要がないが、弥生時代の台状墓あるいは墳丘墓など時代がさかのぼれば複数埋葬が多く、そのため墳丘の高さより平面の広さを求めたのである。こうしたことから、これら2基の古墳は古墳時代の前期でも早い段階、3世紀代のものであり、琵琶湖の湖上交通を最初に掌握した地域を代表する首長の墓であると考えるに至った（用田2013）。

かつての琵琶湖水は、堅田の背後に大きく入り込み、春日山の東麓には入り江状の地形があったことがわかっている。ここがかつての「船津」であり堅田の村の本拠地であると考えた。湖上に権勢を誇った中世堅田の町のルーツが、その裏山にあったのである。

図3-2-1
春日山古墳群から堅田を望む

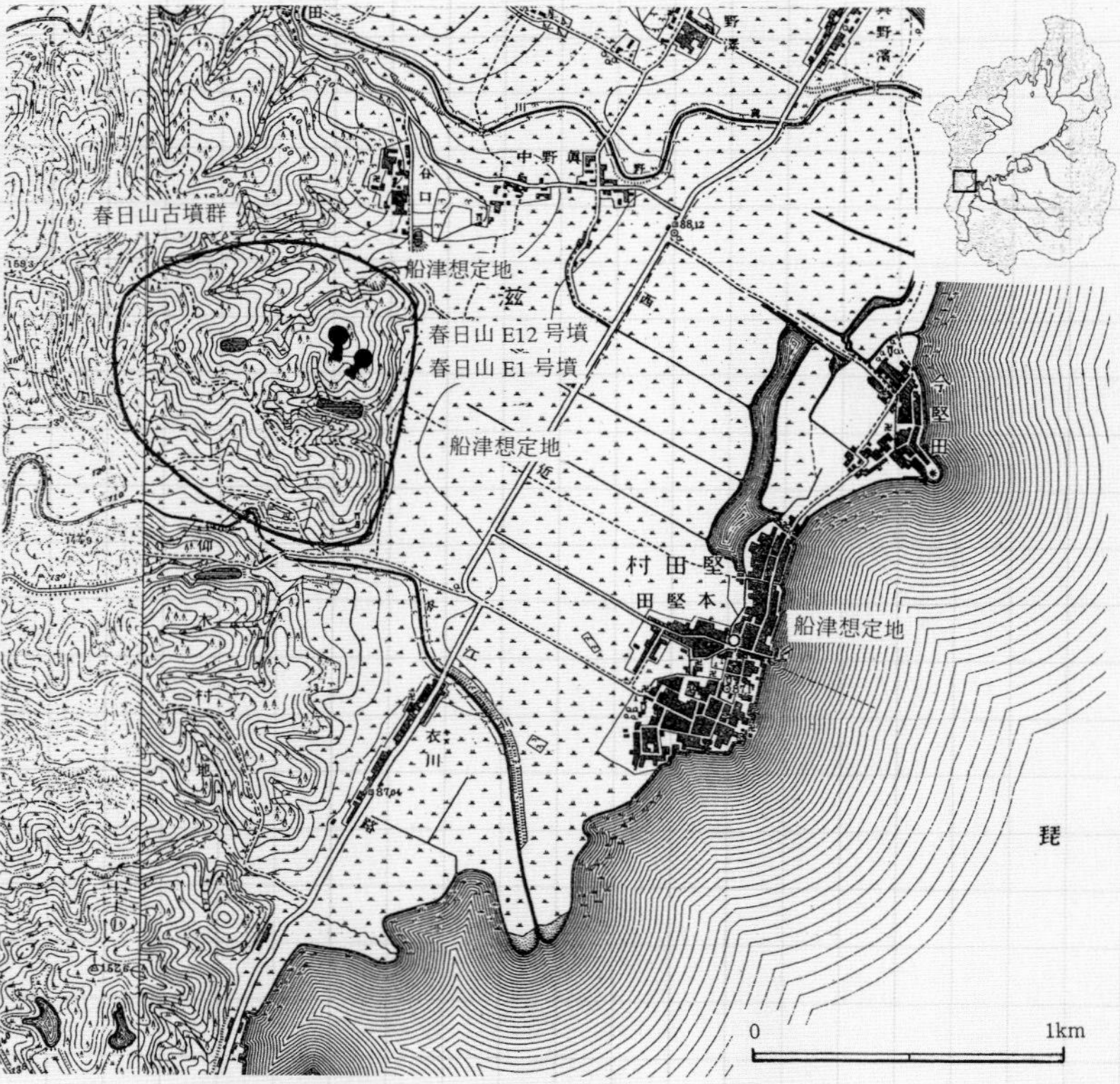

図3-2-2
春日山古墳群周辺地形環境
(明治26年(1893年)(右)、明治42年(1909年)(左)測図地図)

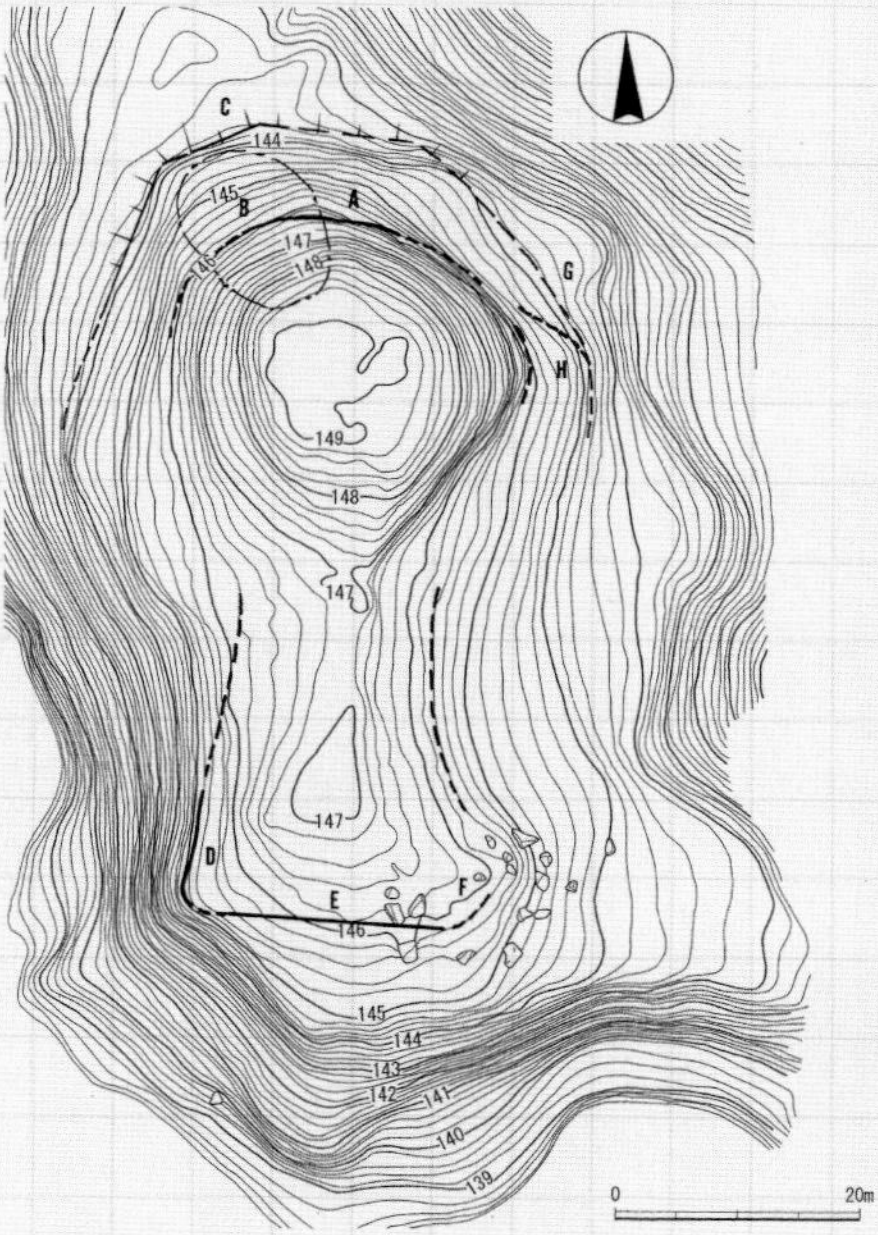

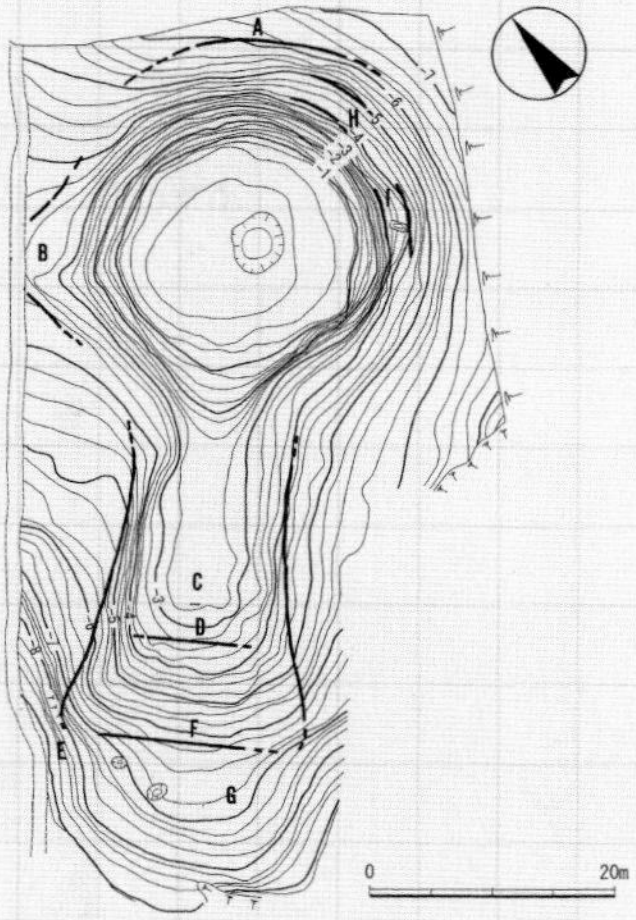

図3-2-4 **春日山E1号墳**（用田2013）

図3-2-3 **春日山E12号墳**（用田2013）

図3-2-5 **堅田の湖上支配の証か？満月寺浮御堂**

3 60年安保と安土瓢箪山古墳のわずかなつながり

1960年に日米安全保障条約が改定されてもう60年になる。改定当時、私たち子供は何も知らず「アンポ、ハンタイ」と叫んでいたのを思い出す。その60年安保闘争のデモの隊列の中で、東京大学文学部で日本史を学んでいた樺《かんば》美智子さんが6月15日に亡くなった。

私は、その10年後に樺さんの遺稿集（樺編1960）を読むことになる。大半は彼女の思想を探るかのような日記・手紙類が中心であるが、その中に、古墳に関する彼女のレポート「前期古墳の葬制を通じてみられる当代の死者に関する観念」が掲載されている。考古学者八幡《やわた》一郎先生（元、東京大学）の講義を受けてのレポートであるが、その最後はこう結ばれている。「滋賀県蒲生郡の瓢箪山古墳の前方部にある2個の箱形石棺が陪葬と考えられているので、このような首長でない者の墓をよく検討することによって、もっとはっきりと「死者に対する観念」が一般的に究明できるのではないか」。

レポートの中に唯一資料として取り上げられたのが、近江で最古・最大の前方後円墳といわれた安土瓢箪山古墳であることを、読んだ当時は何となく誇りにも思ったが、それから50年たって、改めてそのレポートを読んでみた。

ふつうは、たった一人の首長のために築く大形古墳であるが、かつての琵琶湖の内湖に半島のように突き出た安土瓢箪山古墳は、今の知事クラスの首長が葬られた後円部中央の石槨をはさんで二つの石槨があり、先述の前方部も含めると計5人が3ランクのもとで埋葬されている。

こうした在り方が、陪葬か追葬か、また家族墓なのかはっきりしないため、この複数埋葬を恩師の近藤義郎先生は「墳丘併葬」と呼んでいた（近藤1983）。

こういう埋葬方法は、瓢箪山古墳だけではなく近江の前期古墳にほぼ共通する特徴でもあることがわかってきた。また、前方部石棺に副葬された腕輪の型式から、後円部の埋葬より前方部埋葬の時期が少し新しいことも判明している。しかし、あれから60年経っても未だに「死者に対する観念」はわからずにいる。

こんな趣旨の文章を中日新聞コラムに書いた。3世紀代とおぼしき全長100ｍを超える前方後円墳は、近江には4基しか知られていないため、「今の知事クラスの人が葬られた墓である」という記事が掲載された朝刊を、職場でうつむいて眺めていたら、「こんにちは。今日の朝刊の記事読んだわよ」と女性の声。たまたま博物館へ来ていた当時の知事だった。思わず「すみませんでした」と、訳もなく謝ってしまった。

余談であるが、私が大学進学時に考古学・歴史学専攻の道を選んだのは、先の樺美智子さんをはじめ横浜市立大学奥浩平・立命館大学高野悦子さんらの残した文章の影響もある。当時、いわゆる学生運動に身を投じたのちに亡くなられた彼らの遺稿集を読み、社会を知るのは歴史学であると感じたからである。もちろんそこには「考古学」という響きへの憧れがあったのであるが。

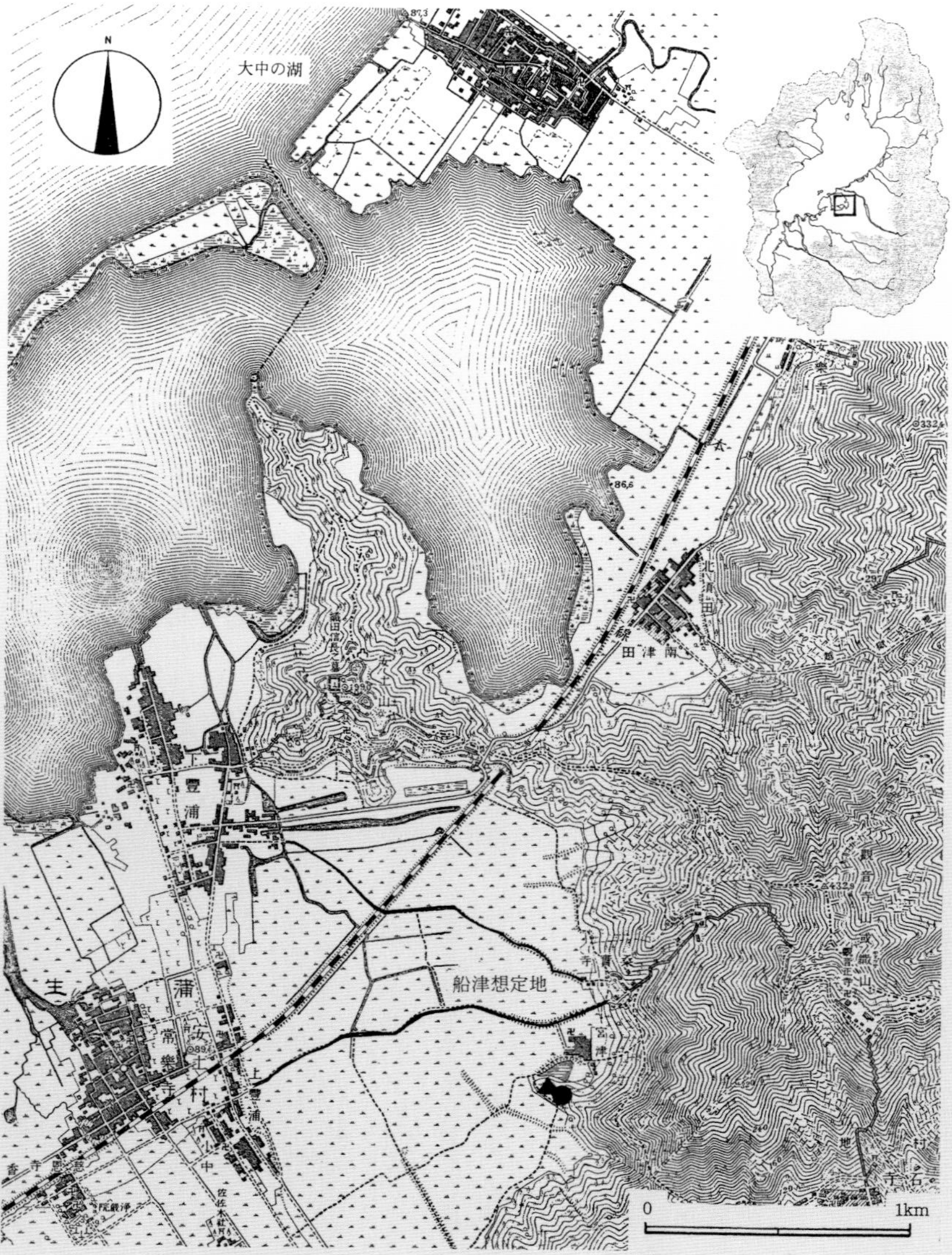

図3-3-1 **安土瓢箪山古墳周辺地形環境**
（明治26年（1893年）測図地図）

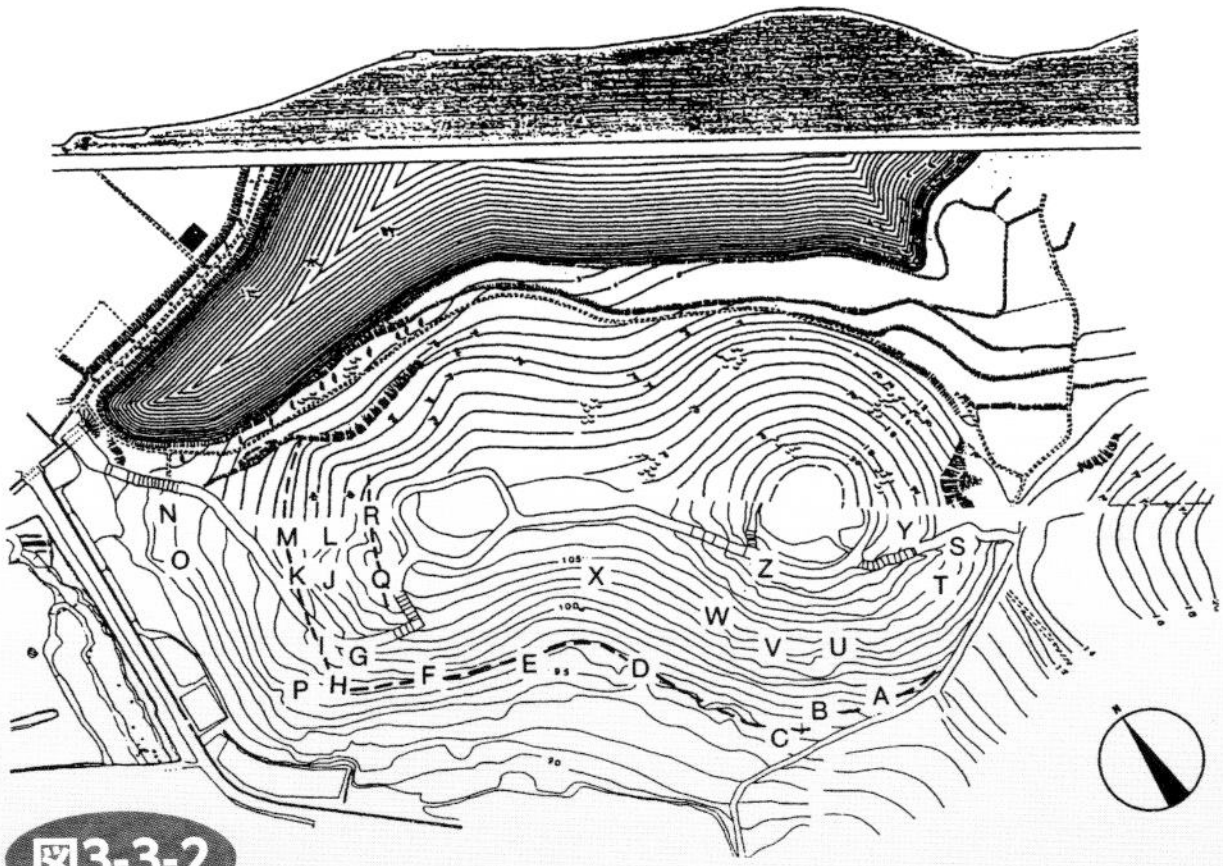

図3-3-2

安土瓢箪山古墳

（梅原1938を一部改変、用田2007）

図3-3-3

樺美智子遺稿集

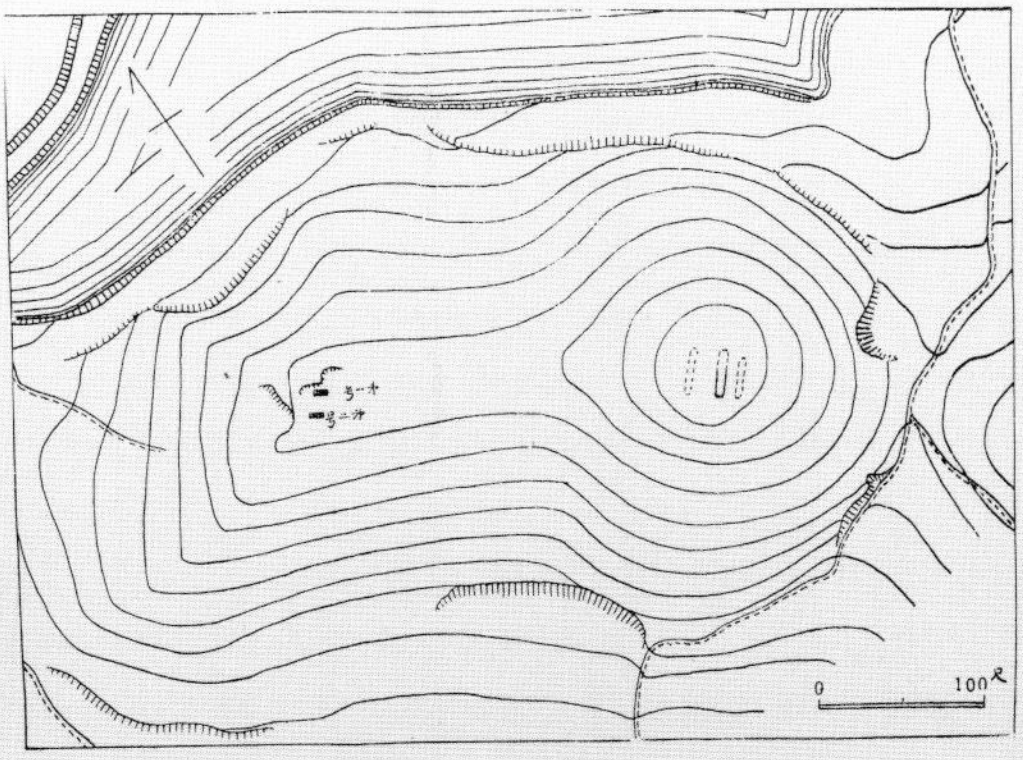

図3-3-4

安土瓢箪山古墳後円部の石槨（3基）と前方部の箱式石棺（2基）（梅原1937b）

図3-3-5

安土瓢箪山古墳（右山裾）と旧内湖（1976年11月筆者撮影）

図3-3-6

安土瓢箪山古墳と旧内湖を望む

（1976年11月筆者撮影）

4 近江の旧郡ごとに古墳の違いはあるのか

本章冒頭で、かつての近江国の中心地は野洲川下流域の栗太郡と野洲郡であると主張してきた。そこには弥生時代環濠集落と呼ぶ丸く濠を巡らせた村が拠点的に築かれ、最上位の墓は前方後方形の溝を巡らすものの分布域にあると考えてきた。さらに古墳時代になると前方後円墳ではなく、陸上交通の要所、河川の「渡津」を中心に丸い墳丘を持った墓・円墳が最初に展開していくのである。

つまり、かつては栗太郡と呼ばれた草津市北谷11号墳や栗東市下戸山古墳が円墳で、栗東市大塚越古墳も後円部径に匹敵する整備された前方部を備えたものではないことが筆者らの再検討で明らかになってきて（用田1990）、栗太郡内の18基の首長墓は円墳か、すべて前方部の短い前方後円墳あるいは帆立貝形古墳であると考えられるようになった。

同じ状況にあることが、著名な鴨稲荷山古墳のある湖西の高島郡でもわかる。湖西地域としてまとめて扱われることもある高島郡と滋賀郡であるが、少なくとも8基の前方後円墳を山上に築いた湖西南部の滋賀郡に対し、高島郡では、鴨稲荷山古墳が短い前方部しか備えず、熊野本12号墳は前方後方形を呈しており、弥生時代墳丘墓の可能性があると考えられることから（用田2012）、帆立貝形を除くと前方後円墳は高島郡に皆無であることになった。さらには、高島郡と滋賀郡の古代の郡境が、真野郷の北端にあたる和邇川付近だとすると、それ以北の近世滋賀郡には古墳時代の首長墓すら見あたらないのである。

栗太郡と同じ野洲川の下流域にある野洲郡内も、古墳時代の首長の墓の墳形は栗太郡と同様に展開していくが、5世紀半ばごろから典型的で定型化した前方後円墳を採用するようになる。この古墳時代中期には倭王権の中枢に野洲郡首長は組み込まれたようである。湖東地域の蒲生郡も6世紀に入ってから、野洲郡と同様に倭王権との何らかの同盟の証の一つでもある前方後円形を採用できるようになる。

このように古代近江の地域性を論じる時、特に古墳時代においては野洲川のような主要河川の右岸と左岸は後の郡を境として区別されているように、そこでは旧郡単位での地域の特徴が顕著であることが分かってきた。

一方、古墳時代の中期には首長たちの序列化が進み、古墳の築造に関して強い規制がはたらいた結果、近江には中期の主要な前方後円墳がなく、帆立貝形古墳や円墳が首長墓として築かれたという考えもある（和田1992）。

近江の横穴式石室を内部主体とする古墳時代後期の主な首長墓は9基あり、近江で最後に築かれた前方後円墳は、長浜市の平野部にその痕跡が残っていた越前塚39号墳と大津市の国分大塚古墳である。これらはともに坂田郡と滋賀郡、つまり古墳時代のはじめからずっと前方後円墳を築いてきた地域の最後のものであった。

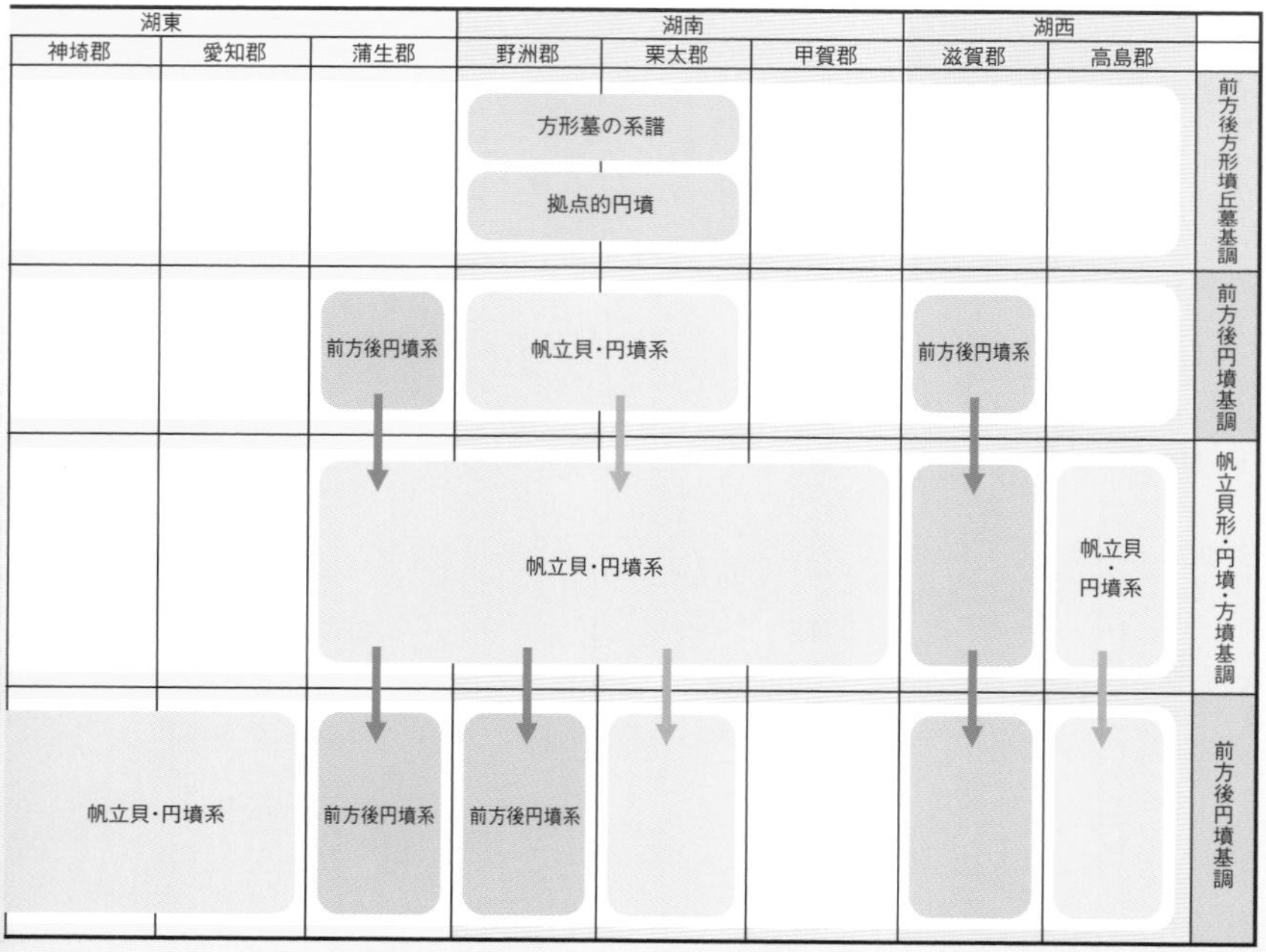

図3-4-1 旧郡別の古墳墳形展開
（およそ3世紀～6世紀）

図3-4-2 平ヶ崎王塚古墳

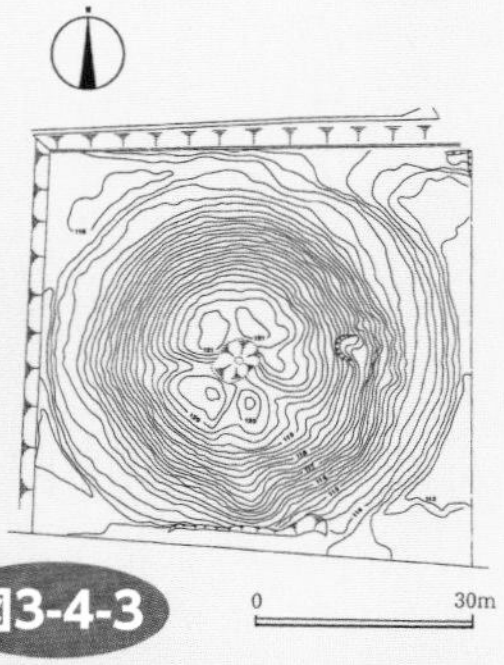

図3-4-3 高島郡の大形円墳・平ヶ崎王塚古墳
（葛原1987（用田2007））

図3-4-4 栗太郡の大宮若松神社古墳

時期	埴輪	須恵器	湖北 伊香郡	湖北 浅井郡	湖北 坂田郡	犬上郡
1期	特殊埴輪類			方形墓の系譜 / 円形墓の系譜		
2期	I式					
3期	II式			前方後円墳系		
4期						
5期	III式					
6期	IV式	TK73 TK216				
7期		TK208				
8期	V式	TK23 TK47				
9期		MT15 TK10				
10期		TK43 TK209				

図3-4-5 田中王塚古墳

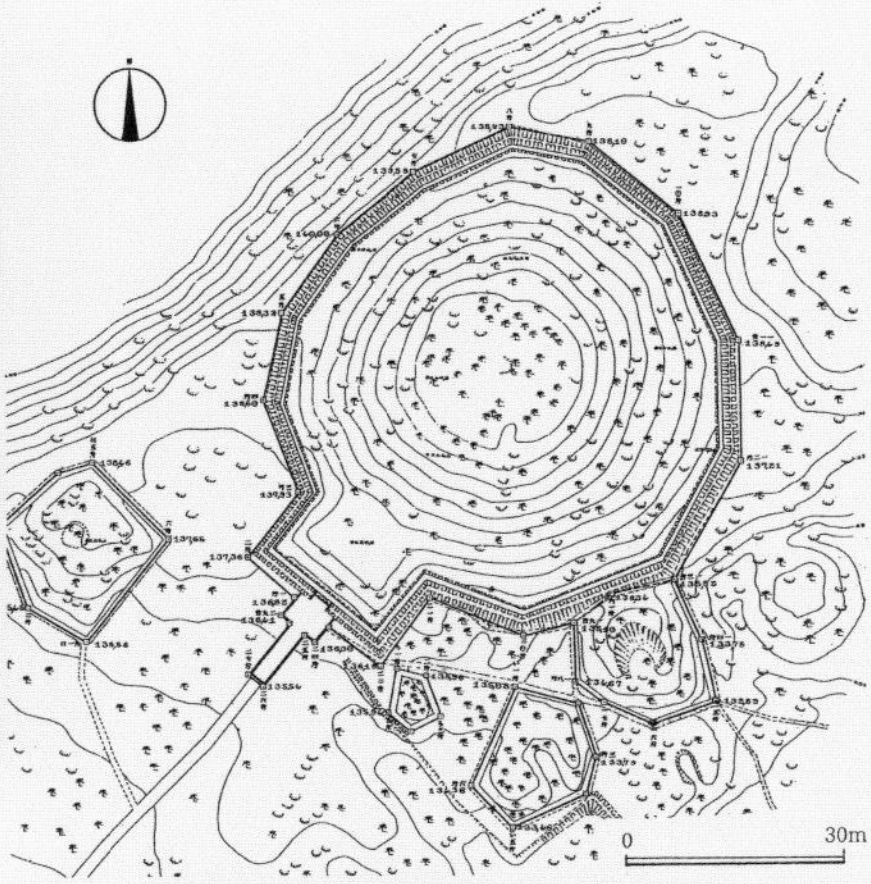

図3-4-6 高島郡の大形円墳・田中王塚古墳
（宮内庁書陵部陵墓課1999（用田2007））

5 首長墓は規模により3つの階層に分けられる

近江の前方後円墳の規模とその基数を表にまとめてみた。すべて全長を基準にみていくと、全長約134mと、以前知られていた規模より実際は短くなったものの安土瓢箪山古墳は近江最大の規模を持つ古墳である。

これに続くものの一つは全長約122mの膳所茶臼山古墳であるが（丸山1973）、似るのは規模だけでなく、円筒埴輪をわずかながら持ち葺石を備えている点である。また平野部・沃野を周辺に控えず、前代の弥生時代村も大規模のものは知られていないいわば無人の荒野の中、琵琶湖に向かった低丘陵上に築かれていることも指摘できる。さらに彦根市荒神山古墳が、ほぼ同規模の全長約124mの前方後円墳として知られる。これも古い円筒埴輪や葺石を備えるなど、先の2墓との共通項が多く、特に膳所茶臼山古墳とは墳形もよく似る。

これら以外に、全長60～80m、25～50mを中心とする3種の首長墓のまとまりがわかる。これら3つの区分は、表の帆立貝形古墳の規模別基数の方がより分かりやすい。こうした前方後円墳と帆立貝形古墳の規模による3種の階層が明らかになったことは重要で、墳形論あるいは規模論においてより重要なことは、前方後円墳や帆立貝形古墳の場合、全長ではなく後円部など主丘部の大きさである。つまり、単純に全長でその規模や勢力を測るのは誤りであり、中心埋葬のある主丘部の規模でその被葬者の「力」を比較検討しなければならないということになる。

この古墳の規模とそれを支えた集団の規模との関係性は、吉備地方の資料をもとにかつて検討された（狐塚1988）。それらは、墳長120〜150m、70〜90m、45〜55m、30m余に分かれるという。そして墳丘体積により最大の首長が吉備を代表するという前提で、各クラスを支えた人口と郷数を概算で掲げる。ここでも径90mの造出付きの円墳を全長120m以上の前方後円墳相当として扱い、先に述べた主丘部（後円部）規模に主眼を置いている。

なお、古墳時代在地首長層とは、近江12の旧郡に対応するような領域を代表した首長と考え、古墳時代の前期でいうと全長60〜80m程度の前方後円墳、あるいは40〜70mほどの規模を持つ帆立貝形古墳や円墳・方墳の被葬者を想定する。よって、全長120mを超える前方後円墳や70m以上の規模をもつその他墳形の古墳被葬者は、近江を四分するような領域あるいはそれを超えた旧国を代表する地方首長層であり、琵琶湖を一括して制する立場にあった者である。

琵琶湖水系での定型化した大形前方後円墳は、弥生時代を通じてその中枢をなした野洲川下流域とは別に、湖の東や南に、畿内の中枢部より遅れて出現した。これらの首長墓はその母胎となる村を備えないことから、湖上への影響力を持つために倭王権から派遣された者で、しかもこれらがそろって内湖や入江を備えていたと想定されることから、琵琶湖の「船津」を管理した首長と考える。

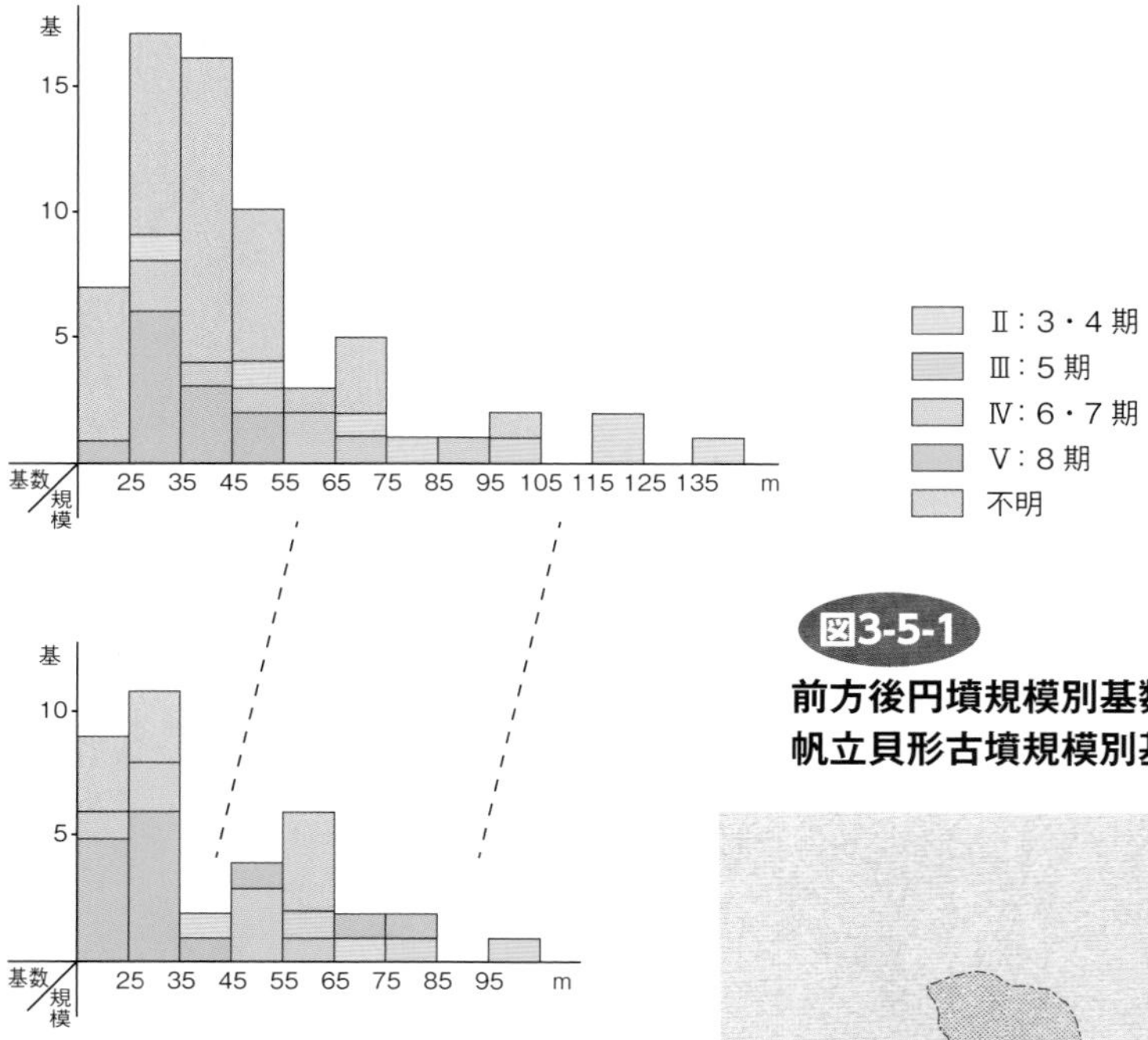

図3-5-1
前方後円墳規模別基数（上）
帆立貝形古墳規模別基数（下）

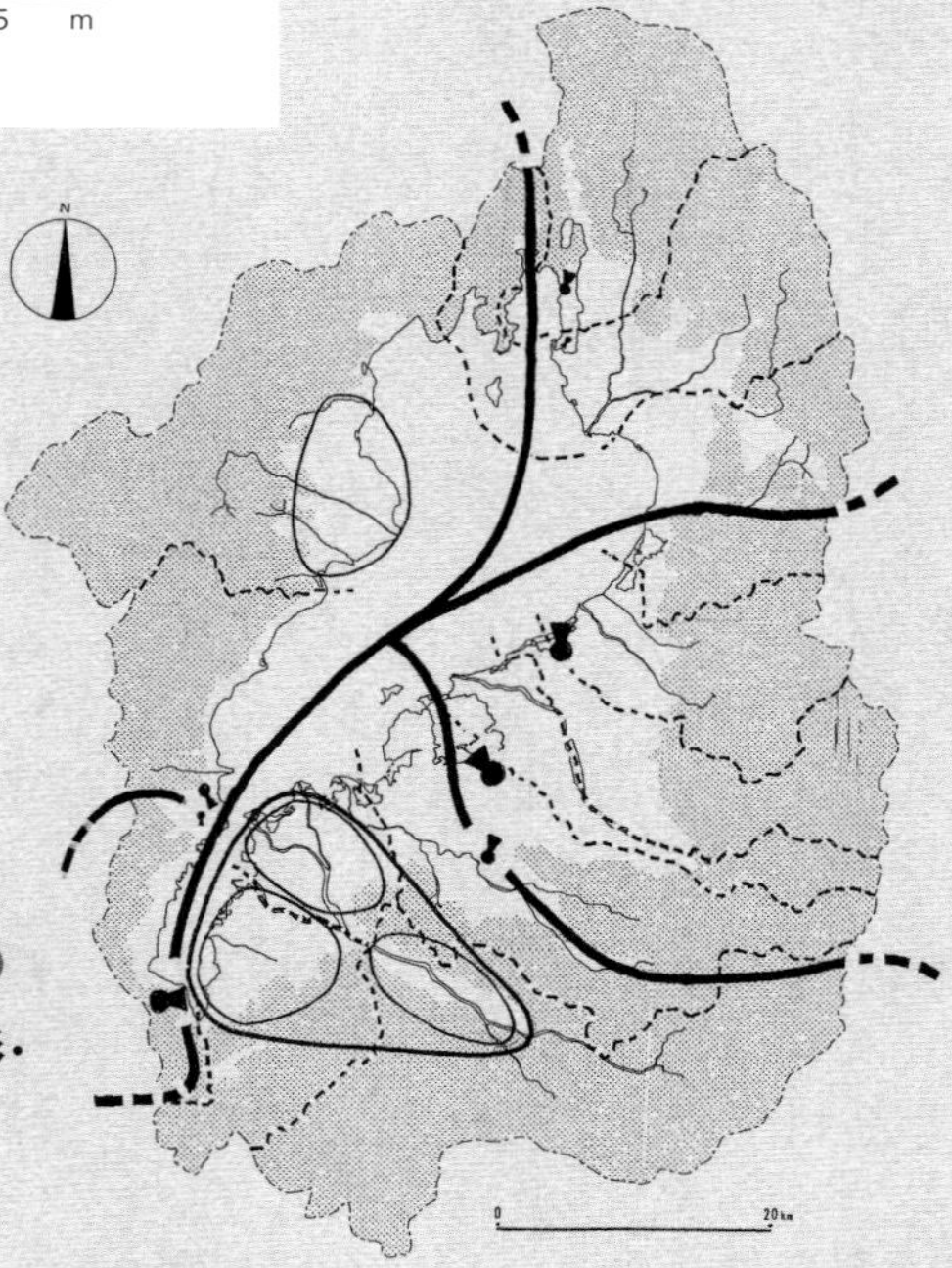

図3-5-2
野洲川下流域と大形・中形・
小形前方後円墳の関係

図3-5-3 荒神山古墳葺石・列石・埴輪検出状況

図3-5-4 荒神山古墳墳丘

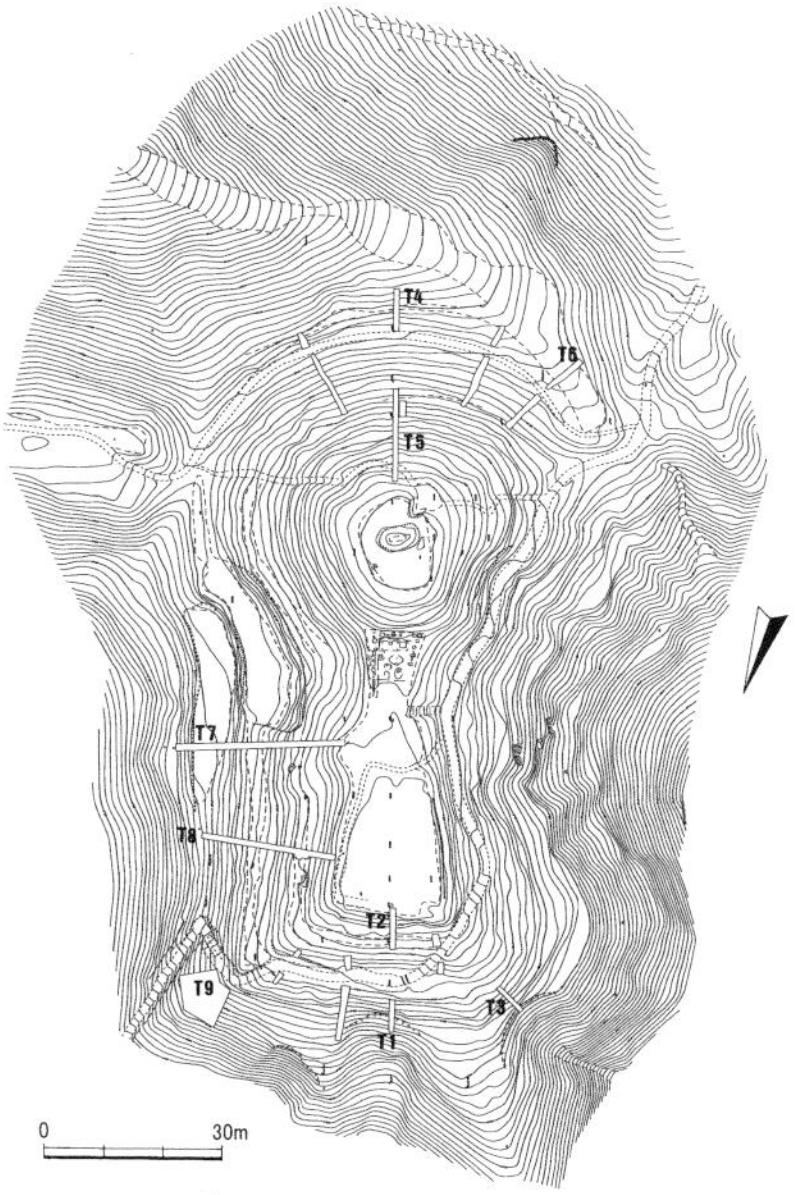

図3-5-5 荒神山古墳（谷口ほか2005）

図3-5-6 荒神山から琵琶湖を望む

6 近江の首長墓の動向と画期を形から探る

弥生時代の方形周溝墓の延長線上にもある前方後方形周溝墓、あるいは前方後方形の墳丘墓と呼ぶべきものは、列島での広がりの中、古墳時代の直前に琵琶湖のまわりにも現れる。平野部では主にまわりに溝をめぐらす周溝墓で、山上では盛土による墳丘墓という形をとるが、平野部でも神崎郡の神郷亀塚のように4m近くの高さを持つ盛土を備えたものを見る。

そうした中で、三角縁神獣鏡という青銅製の鏡の分有関係をある種の軸とするいくつもの前方後円墳が、倭王権の勢力の中心として登場するが、その段階には琵琶湖のまわりでは、埴輪を備えない円墳で、内部主体は粘土槨でありながら三角縁神獣鏡を戴くなどそれなりの「格」を備えて存在していた。

かつて、近江に限らず全土的に、前方後円墳出現の前段階に平地の円墳を発生期の古墳として評価した説があった(丸山1975)。それは特に、琵琶湖の南、野洲川下流域の沃野を中心にした地域での状況を踏まえたものであった。この近江の特異な首長墓の変遷の中で、前期の後半になって野洲川下流域を避けるように、選地的にもそれ以前に例のない琵琶湖と直接的につながった場所に、前方後円墳が築かれる。それまで近江の在地勢力の中心であった野洲川下流域首長は陸上交通路を重視して、野洲川下流域の沖積地縁辺部山沿いの主要街道沿いの「渡津」近くに墓地を求めたのに対し、前方後円墳の被葬者たちは、湖上を含む水路を意識し、その墓を琵琶湖の内湖や入江の「船津」の近くに築いたのである。

近江における古墳時代の中期、およそ5世紀以降は、1ないし2の旧郡ごとの古墳の形から見た地域的特徴は明らかで、栗太郡の首長たちは古墳時代の最後まで定型化した前方後円墳、つまり前方部の長さは後円部の径に匹敵するような、考古学徒が見る限りは極めてバランスの取れた前方後円墳を築くことはなかった。しかし、坂田・浅井・伊香郡と滋賀郡など湖の北や南の地域では、わりに早い段階から定型化した前方後円形を採用できた地位を倭王権から保証されていた。

古墳時代の最後の段階まで前方後円墳を築いたのも、北の坂田郡をはじめとする湖北と湖の南にある滋賀郡にある首長たちであった。ただ、この地域の古墳からは、古墳時代前期において倭王権から配布された三角縁神獣鏡は1面も出土していないし、それ以前の伝世鏡もほとんど見つかっていない。倭王権の「直属」首長には、鏡を配って手なづける必要がなかったのである。

このような古墳時代の琵琶湖周辺の首長の動向の中で、近江を特徴づける時期の古墳をあげるとすると、定型化した前方後円形の採用という意味で画期となる前期の蒲生郡・神崎郡にある今の東近江市雪野山古墳と近江八幡市安土瓢箪山古墳、および旧来の円墳群中、あるいは前方部の長さが後円部径の半分にも満たない帆立貝形、あるいは造出し付きの円墳しか築くことのできなかった野洲川流域の中で、初めて定型化した前方後円墳として築かれた、古墳時代後期はじめの野洲郡林ノ腰古墳の出現がそれにあたる。

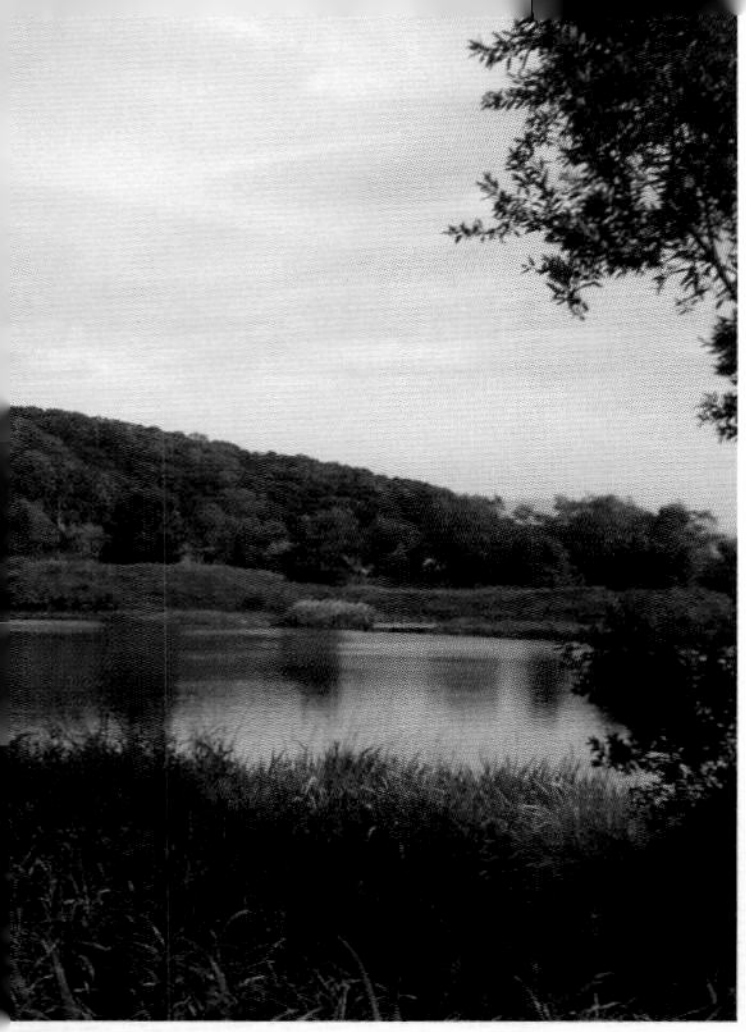

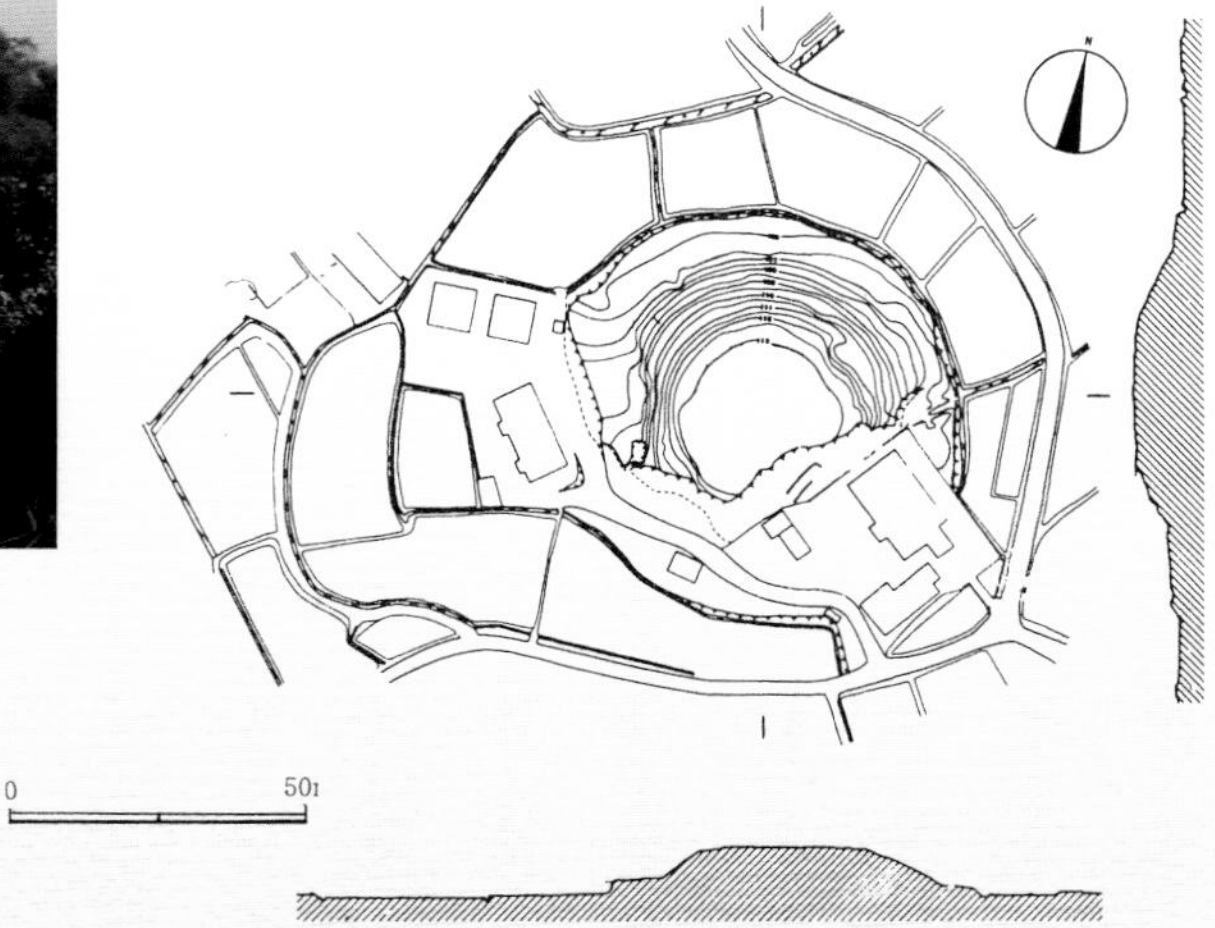

図3-6-1 **椿山古墳**（大橋ほか1987）

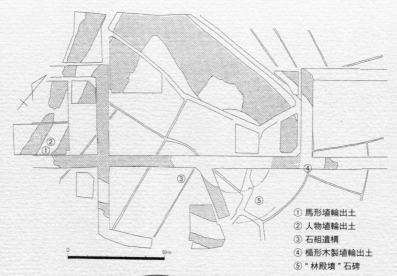

図3-6-2 **林ノ腰古墳**（福永1997）

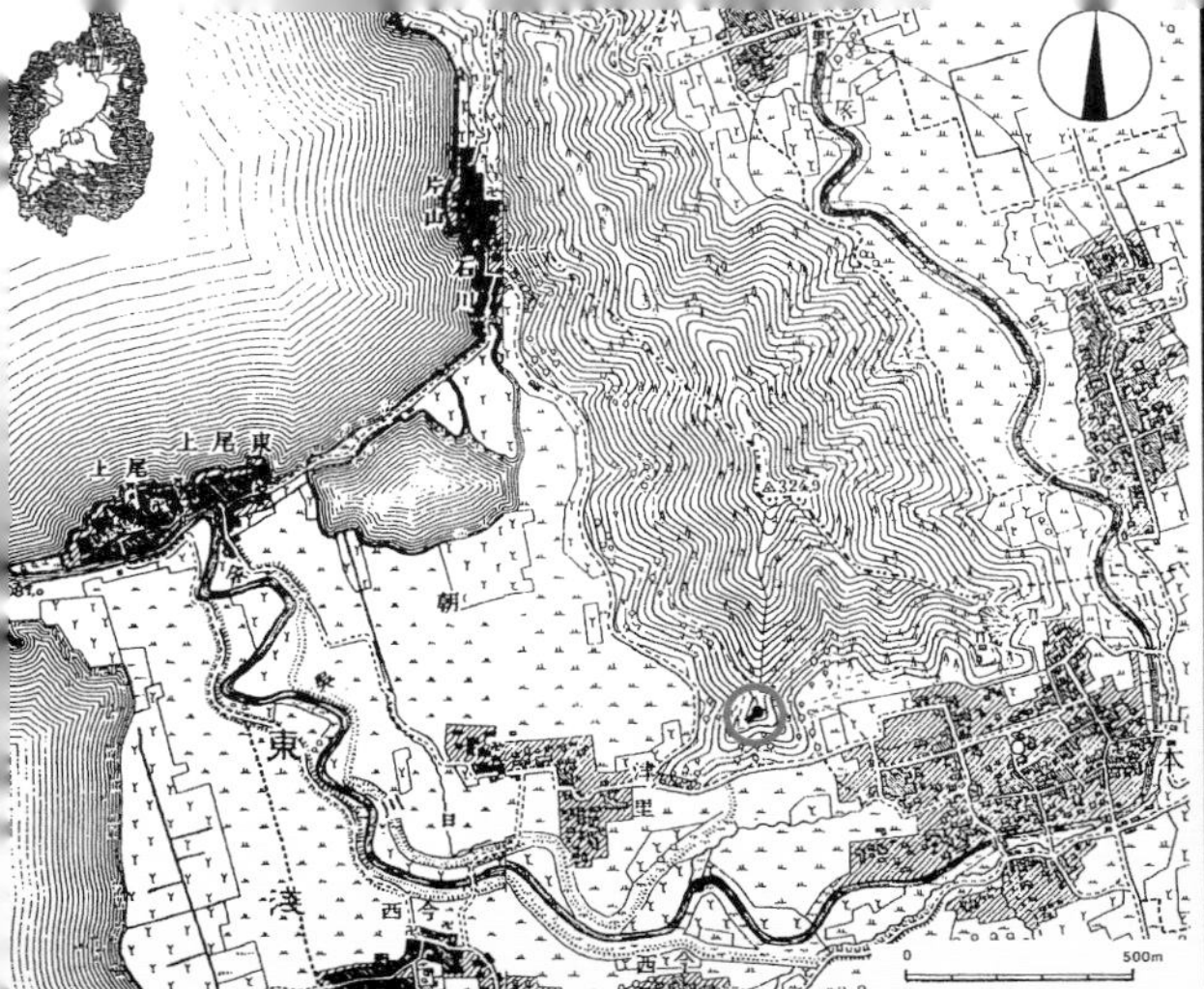

図3-6-3 若宮山古墳と船津推定地

図3-6-4 若宮山古墳位置図

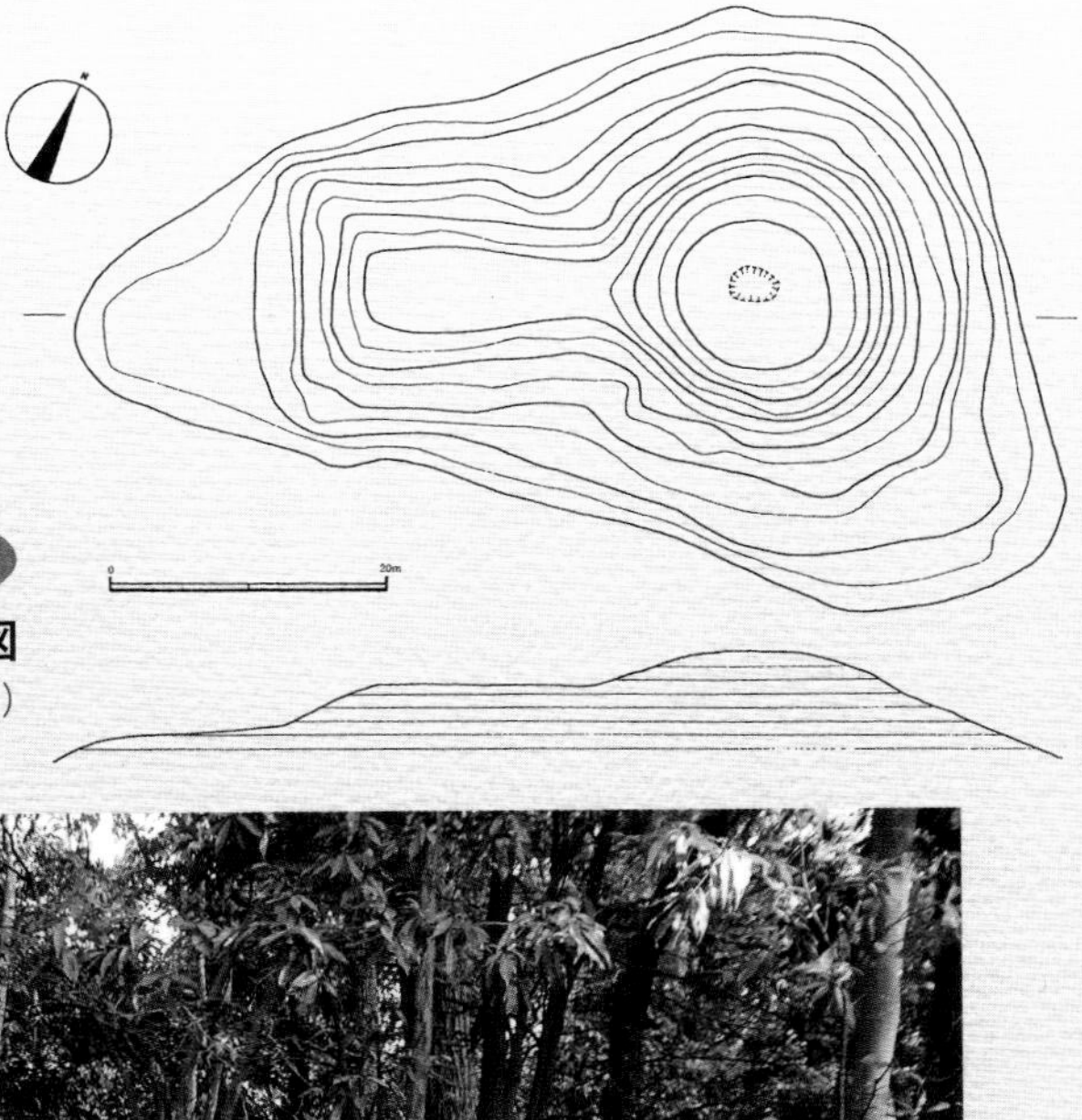

図3-6-5
若宮山古墳測量図
（用田2011）

図3-6-6 若宮山古墳後円部中央付近

7 古墳の石材を湖上輸送する

大津市の春日山E1号墳・E12号墳（横田2002）と春日山古墳群、和邇大塚山古墳（梅原1922、梅原1937）と曼荼羅山《まんだらやま》古墳群とには約10回登った。湖西南部の滋賀郡にある前期古墳として有名な首長墓と後期群集墳で、滋賀県文化財保護協会の横田洋三さんともども訪ねた折に、古墳の石材の観察と材の特定を行おうとしたことがある。

春日山古墳群は、後の湖上交通や湖上支配の拠点であった堅田の町の背後にあり、E1号墳とE12号墳の2基の前方後円墳を取り囲むように築かれた200基にも及ぶ古墳時代後期横穴式石室墳の石材は、横田さんによるとすべて琵琶湖を挟んだ対岸、湖東地方あたりでしか産出しないいわゆる湖東流紋岩類とのことであった。そこで再確認のため2人で出かけたのである。谷筋に放置された巨大ないくつもの石材は、人工的に運ばれたようで興味深かった。同時に、沖島やその対岸の長命寺の石材も入手し、比較しながら専門家に見てもらおうと、湖東流紋岩類に詳しい小早川隆先生（元、大津商業高校）をお訪ねして指導を受けた。

結論は、沖島や長命寺あたりの湖東流紋岩類ではなく、湖西に産出する石英閃緑岩とのこと。また、その北の丘陵、曼荼羅山古墳群周辺に散在する石も花崗岩とのこと。よって和邇大塚山古墳の石材も花崗岩であった。

ただ、春日山古墳群の分布する谷水田に残された3m四方の立方体の塊のような巨大ないくつもの石材の謎は依然残る。この地域は古琵琶湖層群、つまりかつての琵琶湖の底の堆積物からなり、本来、石材は皆無の地質だからである。琵琶湖が最も狭まったところの湖上交通の拠点であった堅田の船津に近いこの地では、容易に湖上を利用した大型石材の運搬が容易で、堅田の奥まった谷水田の最奥部にまで搬入された後、石材を小分けにして石室材にしたものと考えられる。これが事実なら貴重な見解となるし、その石材がどこから運ばれたかを追究する必要がある。

かつて琵琶湖湖上交通史の概要をまとめた時に、湖上交通の最大の歴史的特徴は、遅くとも奈良時代以降、昭和40年代まで、米をはじめ石材や木材、瓦・粘土などの重量物・大型物の輸送に貢献したことで、数量的には政治・軍事利用、旅客利用、祭祀、観光や生産・生業などをはるかに凌駕する（用田1999）。

現在でも中国・江南地方（上海や江蘇省・浙江省など）を中心に張り巡らされた水路網では、陸路よりも水路輸送が主体となって機能している（楊・用田ほか2014）。隋の煬帝が築いたという京杭大運河をはじめ長江下流域の河川・運河・水路、太湖などの湖沼では、喫水の深い鋼鉄船が盛んに行き来し、水運が中国の経済活動を支えているように見えるし、時には20隻以上の運搬船をつなげた船団となって水路を航行しているのを見ると時代や地域を超えた水上交通の有用性を再確認できるのである。

図3-7-1 春日山Ｅ１号墳

図3-7-2 和邇大塚山古墳付近石材調査

図3-7-6 中国・江蘇省水上輸送

図3-7-5 春日山古墳群位置図

図3-7-4 春日山古墳群付近の石材

図3-7-3 春日山古墳群横穴式石室

8 『琵琶湖をめぐる古墳と古墳群』からみた原始・古代の近江

琵琶湖博物館の川那部浩哉館長（現、名誉学芸員）のお勧めや国立歴史民俗博物館の春成秀爾先生の応援により、２０００年ごろから学位論文をまとめることになった。そこでは、琵琶湖の湖上交通史を背景にしながら琵琶湖周辺の古墳を分析し、原始・古代近江の歴史的特質の一部を明らかにしようとした。

作成にあたっては、滋賀県立大学におられた林博通先生のほか、菅谷文則先生、田中俊明先生、さらに立命館大学の和田晴吾先生の直接のご指導やご教示を得たし、それをもとにして『琵琶湖をめぐる古墳と古墳群』（サンライズ出版）を２００７年７月に刊行した。

内容は、本書中ですでにその概略を繰り返してきたが、近江における旧郡単位の地域性が約２０００年前にはじまる弥生時代後期にはすでに明らかになっており、それを母胎として前方後円墳をはじめとする首長墓を築いた古墳時代首長が生まれ、今日までの琵琶湖地域の基本単位になったことを説いた。しかも、古代近江の権力の中枢は野洲川下流域にあり、その左岸にあたる旧の栗太郡は最後まで近江の独自性を貫いたと考えた。つまり、倭王権と直接的に結びついた証でもある定型化した前方後円墳は１基も築かなかったのである。ここには、琵琶湖水系の中での水路と陸路が集中し、その結節点だった旧野洲川河口部に近く、陸路が大河川と交差する「渡津」を通じて湖と陸の道の管理を行ったのが、この地域の首長であった。大きく時代は下るが、秀吉の時代に琵琶湖の船奉行を務めたのも、野洲川旧河口部にあり白鳳寺院の系譜をひく天台寺院の住職であったことは前にも触れた。そしてそれに準じたのが旧野洲川右岸の野洲郡であった。

一方で、琵琶湖を北と南で「船津」を抑える伊香郡や滋賀郡の首長たちは、一貫して前方後円墳を築くことができて、倭王権からはその地位が保証され続けたのである。近江にとって、彼らは大和から派遣された「よそ者」だったのかもしれないと考えたが、その理由の一つは、三角縁神獣鏡をはじめとする鏡が、倭王権からほとんど下賜されていないのである。琵琶湖の北と南の端が列島全体の中での大動脈である陸上・水上交通の結節点として重要な場所と、倭王権がみなしたのではないかというのが持論でもあった。言い換えると、主要な陸上交通路が大河川と交差する「渡津」首長と、琵琶湖の北と南で湖上交通路の拠点「船津」首長の姿を表現したのが、円墳と前方後円墳である。

こうしたことをふまえて、古代における近江盆地の中の地域性と盆地全体の完結性、列島の中での開放性という三つの歴史的特質を指摘したのである。

この一見異なる三つの歴史的性格は、列島の中央に位置する琵琶湖水系地域という求心的な環境と、川をはさんだ集団間の、土地と水をめぐる諸矛盾顕在化の流れの中にある弥生時代から古墳時代にかけて醸成された琵琶湖水系地域独特のものであると考えたわけであるが、詳しくはその小著で。

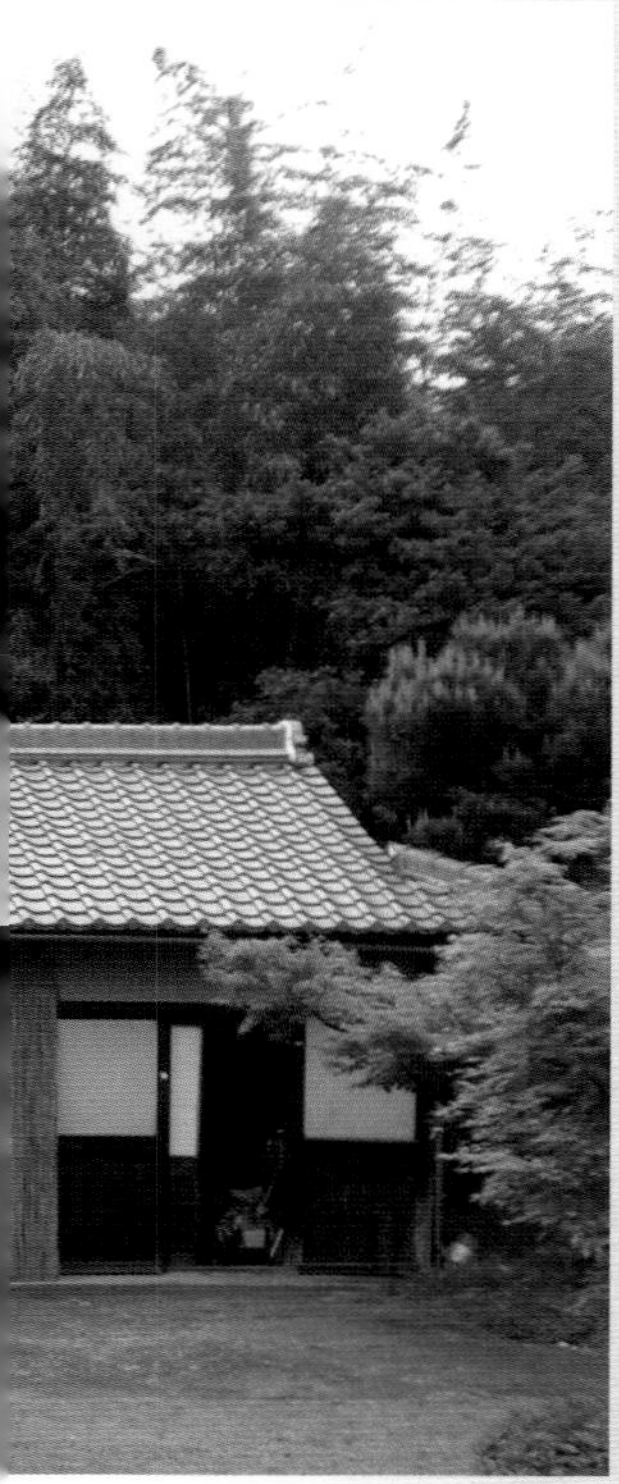

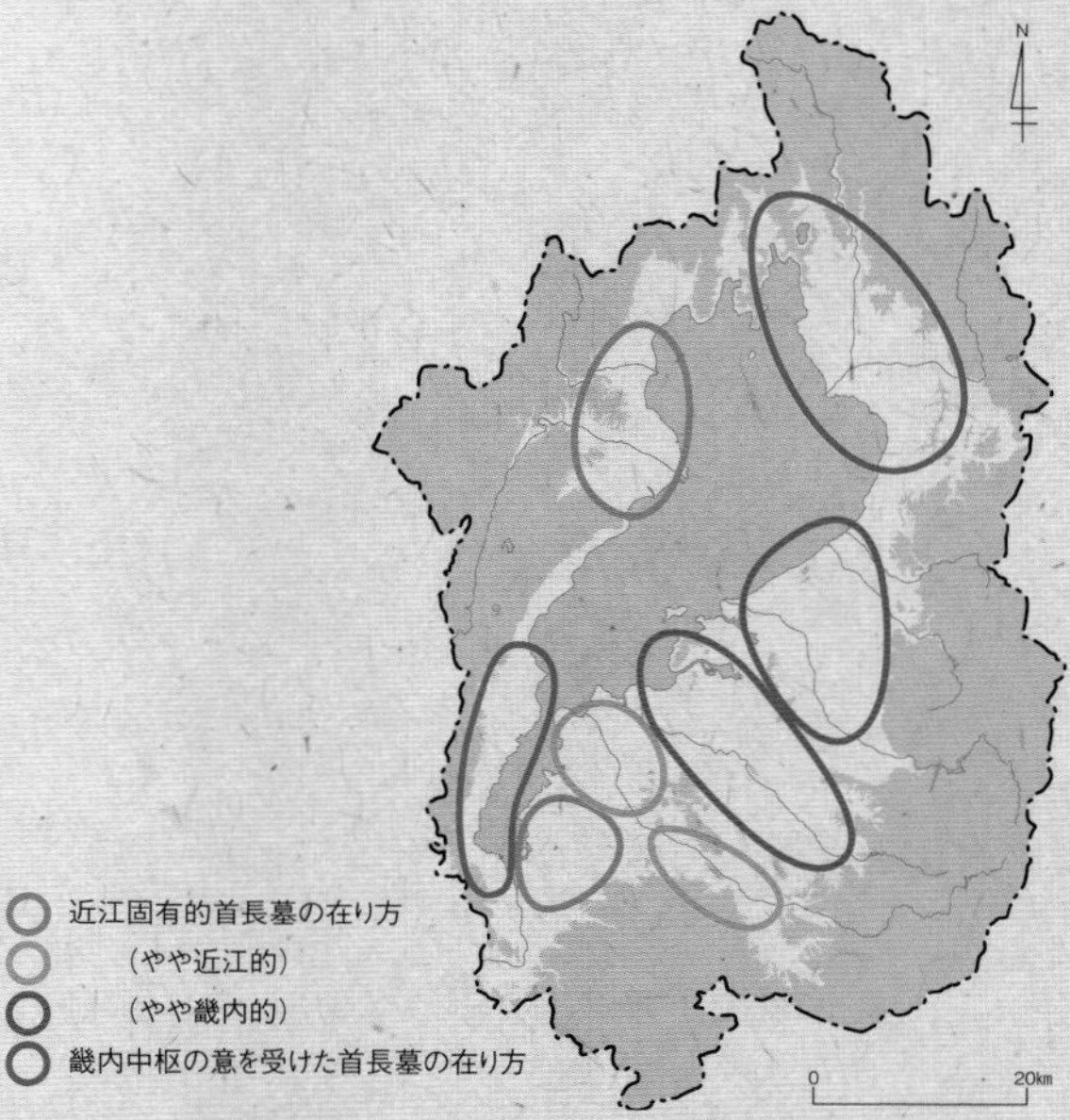

図3-8-1 古墳から見た近江の独自性

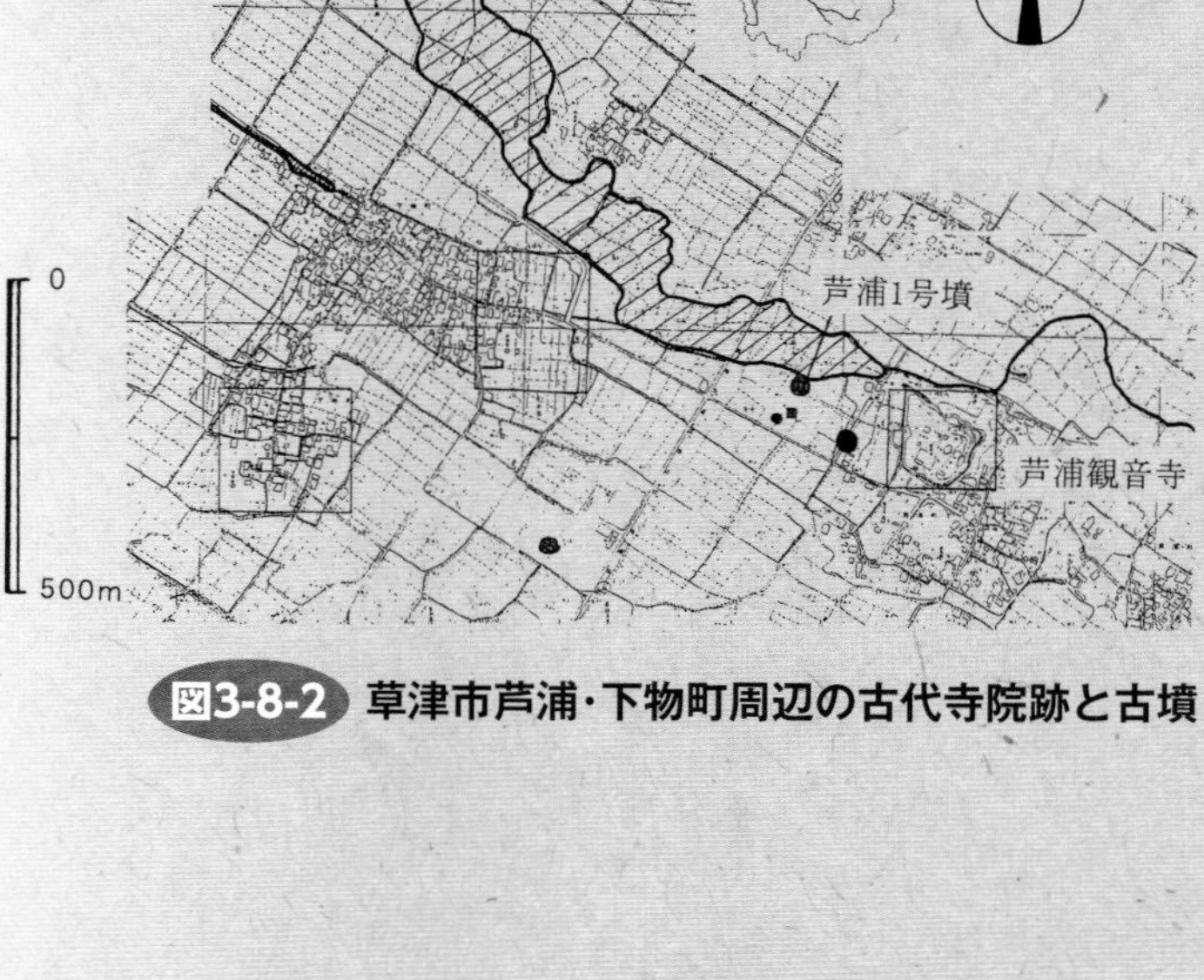

図3-8-2 草津市芦浦・下物町周辺の古代寺院跡と古墳

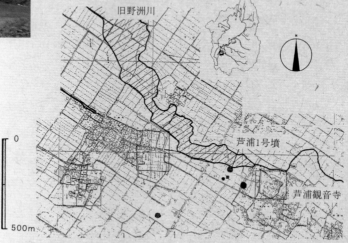

図3-8-3 住職が船奉行もつとめた芦浦観音寺内部

	中国鏡	倭鏡	不明	計	前方後円	帆立貝	大形 円・方墳	計
高島郡	0	2	2	4	0	8	3	11
滋賀郡	1	0	1	2	10	4	4	18
栗太郡	5	10	2	17	0	7	10	17
野洲郡	10	6	0	16	5	8	4	17
甲賀郡	0	2	0	2	1	2	1	4
蒲生郡	5	4	4	13	6	3	7	16
神埼郡	0	0	0	0	2	0	0	2
愛知郡	0	0	0	0	2	0	4	6
犬上郡	0	0	1	1	3	1	2	6
坂田郡	1	4	0	5	16	3	1	20
浅井郡	1	5	2	8	6	1	1	8
伊香郡	0	2	1	3	14	0	4	18
	23	35	13	71	65	37	41	143

図3-8-4 郡別墳形等

第4章 大陸・半島・列島から近江の古墳を望む

1 中国大陸・長江中流域の漢墓から近江の墓へ

洞庭湖と琵琶湖が取り持つ縁で、滋賀県と友好関係にある中国・湖南省は長江（下流は揚子江と呼ぶ）中流域にあるが、その省都・長沙の名を世界中に広めたのは、1971年に発見された馬王堆《まおうたい》漢墓というある種の古墳であった（湖南省博物館ほか1972）。

紀元前2世紀に築かれた直径60mの円形墓（1号墓）は、木槨と呼ぶ木の埋葬の部屋は二重（一重ともいう）で、その中に四重の棺がある。10万点を超える副葬品に囲まれて葬られた前漢の長沙国宰相婦人の皮膚には弾力が残り、関節は動き、胃の内容物もそのまま残っていた。この古墳の展示がメインの湖南省博物館では、友人の劉小豹副館長・李易志副主任夫妻らの協力により2度にわたり熟覧することができた。

日本列島の多くの古墳は、ほとんどが石の部屋に棺をおさめたもので、かつてはこのような木の部屋・木槨は知られていなかった。その木槨墓を列島で最初に検出できたのは1978年、私も学生時代に参加した岡山県の楯築《たてつき》墳丘墓の発掘であった。直径40数mの円丘部（円形）に南北2本の前方部に似た通路状部分が取りつく、あえていうならば変形双方中円形墓。全長80mという規模で、弥生時代の墓としては列島最大規模を誇るが、弥生時代後期のものである。

日本列島の発掘では多くの場合、木製品は残りにくく、また大陸例のように巨木を使った大規模なものでなかったため、技術的に見つけられなかった。楯築墓でも木槨の木は白い粘土に完全に置き換わっていたし、木材は幅数㎝という中国の例の何分の一かの細いものであったため見分けにくかった。その後、日本列島では30例ほどの木槨墓が見つかってきたが、琵琶湖周辺で発見されたのは東近江市神郷亀塚だけである。3世紀前後のもので、私は前方後方形墳丘墓と呼んでいるが、全長38ｍの前方後方墳であるという研究者もいる。いずれにしても、これも調査担当者の努力により発見できた木槨墓である。

中国大陸で生まれたその木槨墓は、朝鮮半島を経て、規模も小さく略式化しながら弥生時代中期の日本列島に伝わったが、約４００年かけて行き着いたような場所に、大陸由来の墳墓形式が田んぼの中に墳丘を伴って残されていたことになる。

中国大陸・朝鮮半島から、日本海を通じて若狭・琵琶湖を経由して列島の中枢である大和盆地に入る弥生時代から古墳時代にかけての外交ルートが、再評価されつつある。神郷亀塚は、大陸・朝鮮半島から直接若狭湾を越えて琵琶湖に北から入ってきた場合、その突き当りにある。また、稲作の起源は、最近の遺伝子ゲノム解析によれば広東省殊江中流域とも伝えられるが、考古学的には長江中流域・洞庭湖付近だとされ、円形や方形の濠や土塁に囲まれた大規模な農耕集落は、特に湖南省や湖北省に多く知られている。琵琶湖との歴史民俗的な関係も、洞庭湖に面した岳陽で見た数10基をこえる多くのエリなどで再認識するようになったのである。

図4-1-1 馬王堆漢墓墳丘

図4-1-2 馬王堆漢墓

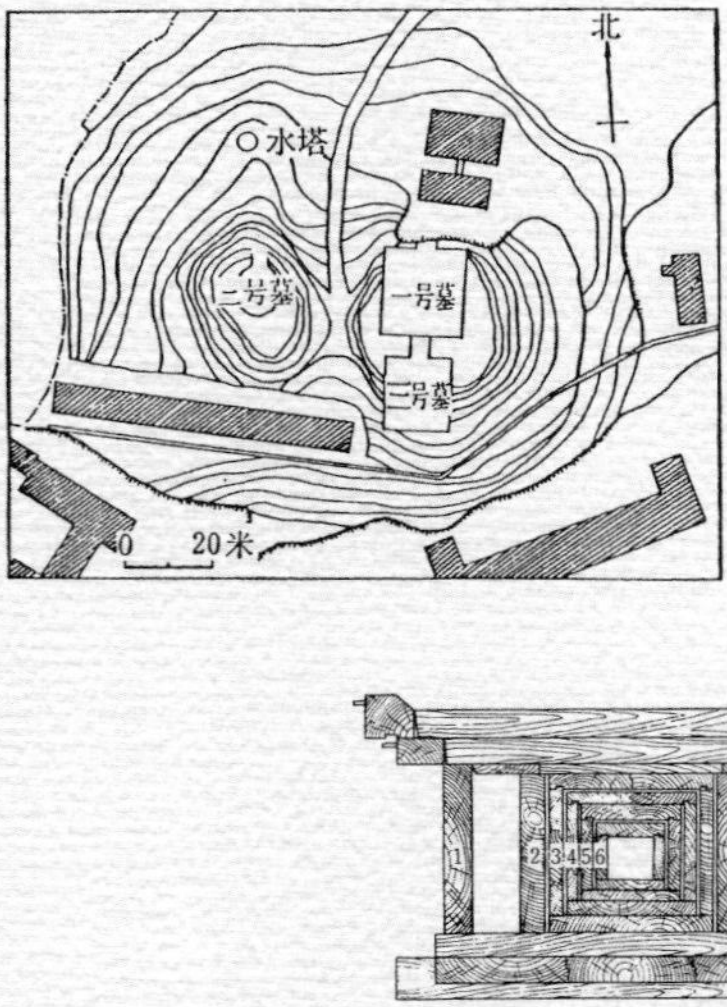

図4-1-3 馬王堆漢墓墳丘図(鄧1977)

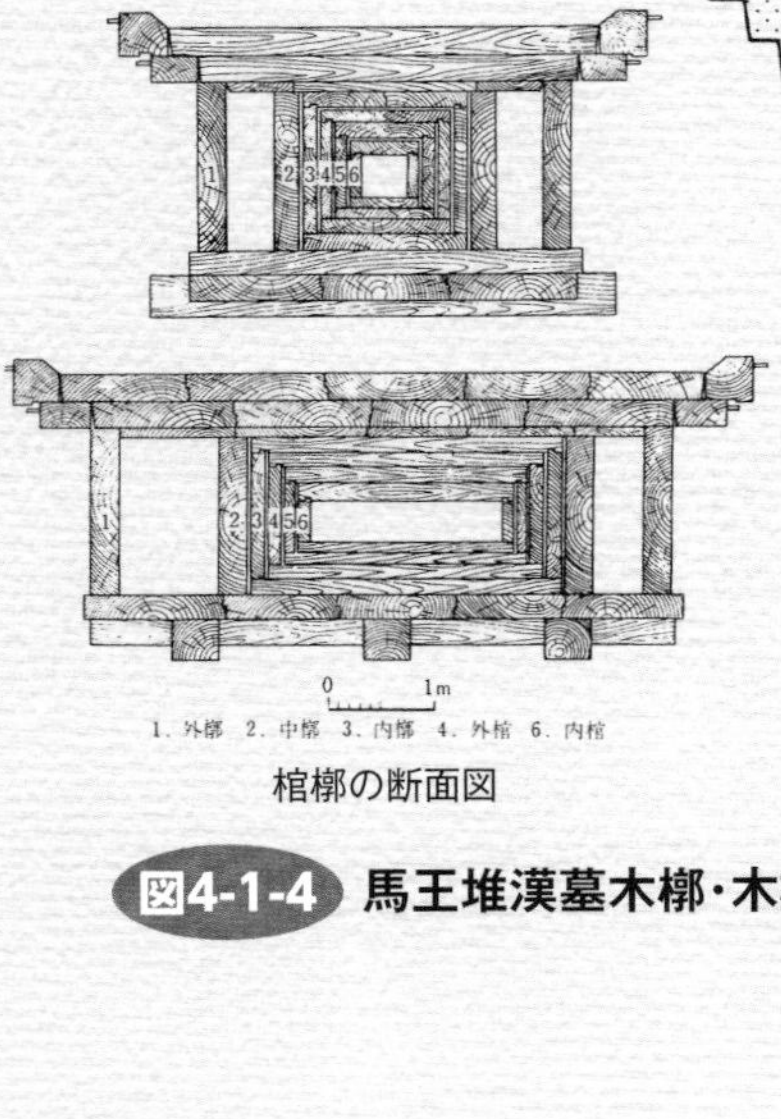

棺槨の断面図

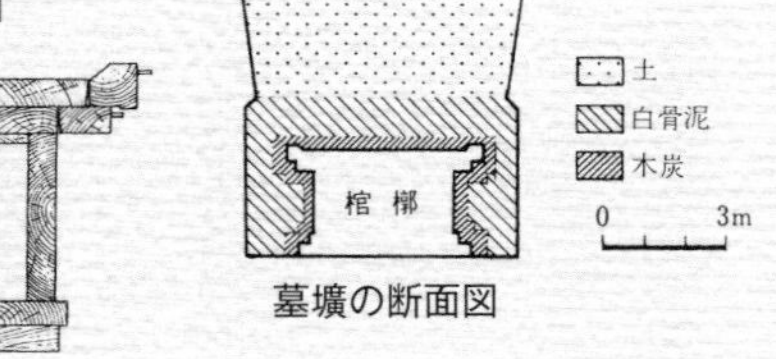

墓壙の断面図

図4-1-4 馬王堆漢墓木槨・木棺(湖南省博物館ほか1972)

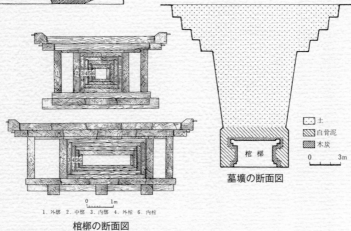

図4-1-5
楯築墳丘墓
（近藤ほか1987を一部改変）

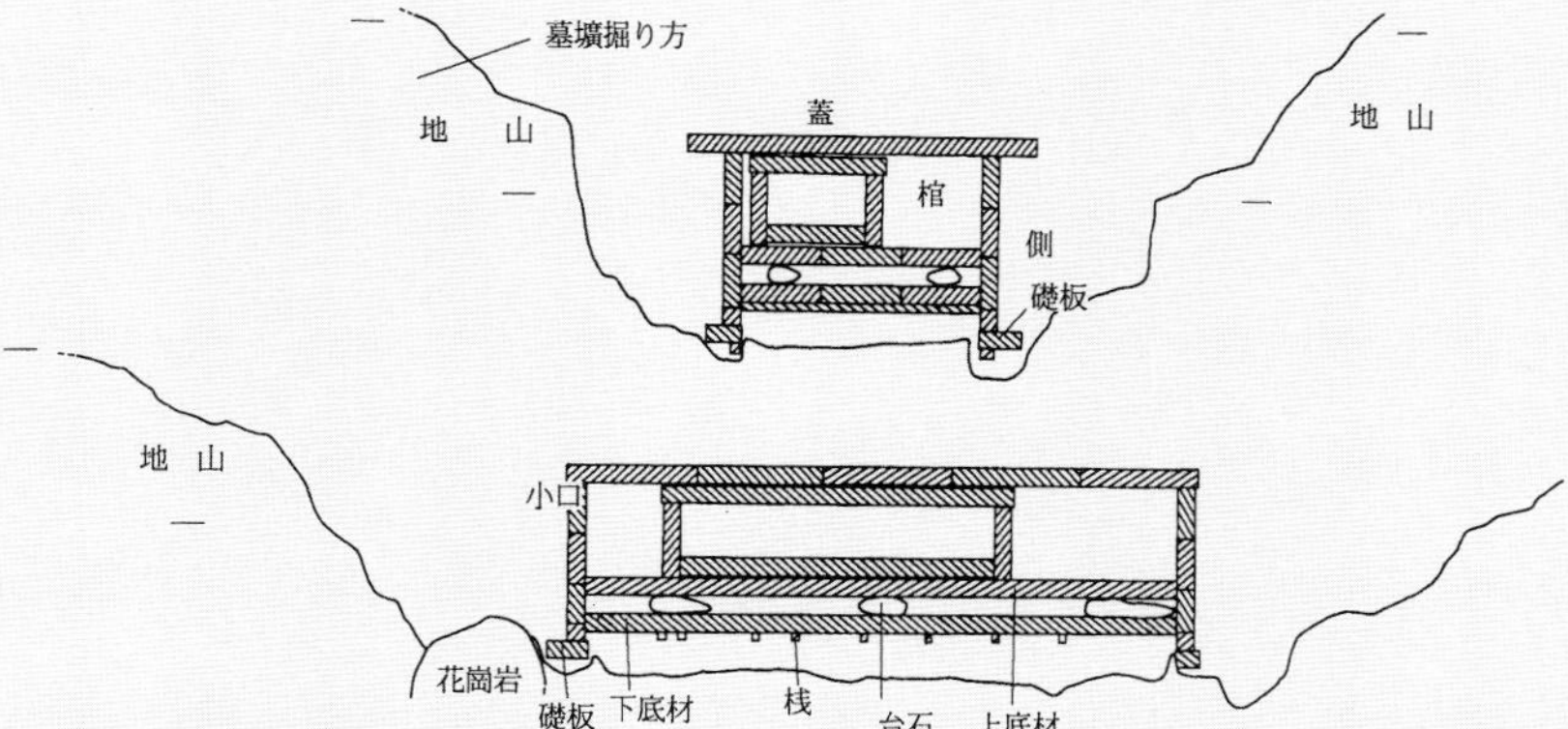

図4-1-7 **楯築墳丘墓の木槨・木棺**（近藤1992）

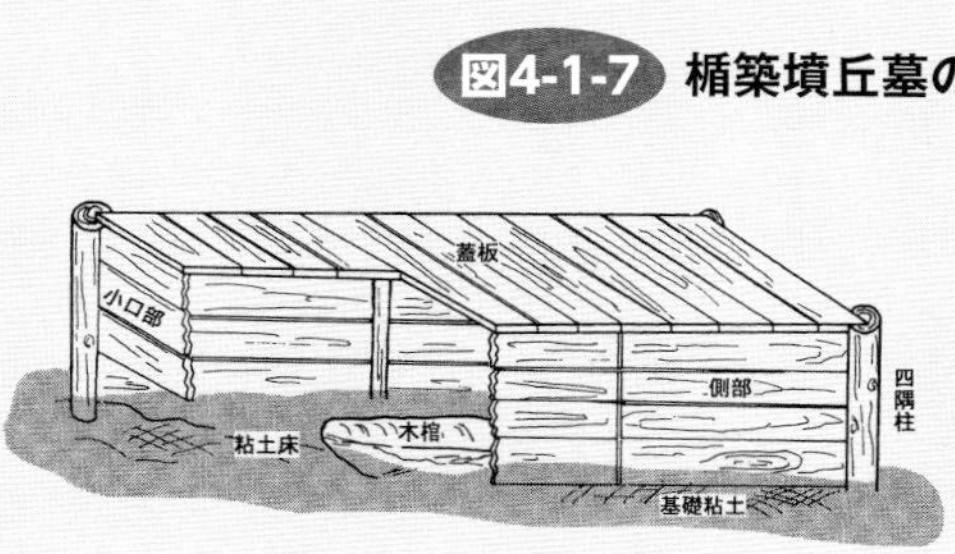

図4-1-8
神郷亀塚木槨墓想定図
（植田ほか2004）

2 湖東の扇状地開発にあたった朝鮮半島からの渡来人の墓

琵琶湖周辺の中でも特に広い平野部をもつ湖東地方には、犬上川・宇曽川・愛知川などの河川が流れるが、その扇状地には弥生時代における水田の開発はほとんど及ぶことはなかった。その北寄りにある犬上郡の犬上川扇状地についても、かつての縄文時代後期・晩期の大集落はその後に断絶し、古墳時代後期の円墳からなる古墳群の出現まで、遺跡が残っていないのである。しかし、その群集墳（古墳群）の時代から古代にかけては、竪穴住居や掘立柱建物からなる大規模な村や寺が建立され、東大寺の初期荘園まで知られるようになる。

犬上川扇状地は、他の湖東地方における主要河川の扇状地と同様に、渇水期には水が全くなく、出水期には水があふれる「尻無川」地域で水田農耕にはほとんど適さない地域であった。このため古くから近江最大の用水権を備えていたという一の井をはじめ、二の井、三の井という井堰とそれに連なる用水路が築かれてきた（喜多村1946）。

古墳時代前期の首長墓も明らかでなく、もちろん前方後円墳は1基も知られていないこうした地域において、6世紀に突如として築かれた小規模な円墳や方墳からなる群集墳は、100基以上からなる古墳群を何個所かに残す。近江においてはこうした大きな後期古墳群がしばしば偏在するのが特徴でもある。

いくつかのまとまった群集墳と、これら井堰およびこれに伴う小河川・用水路の分布を合わせると、小河川あるいは用水路によって潤った地域を避けるかのような場所に群集墳は築かれているのがわかる。そのそれぞれの上流側に1基ないし数基の、この時代にはよくある通有の横穴式石室墳が築かれ、それに連なるように数10基ないし100基以上あるのが、渡来系の系譜をひく竪穴系横口式石室墳である。

こうしたことから、この水稲農耕に適さない地域に、水田開発の使命を持ってやってきた指導者層は、河川の扇状地入り口の拠点に墓を築き、犬上川扇状地の要の位置の取水口である一の井・二の井・三の井と呼ぶ重要な場所の傍らに自らの立場を見せつける。彼らは灌漑技術・作業者集団を指揮・指導して犬上川からの取水工事・用水路開削にあたり、その墓地は彼らの作業によって得られる美田を避け、技術・作業者集団は出自に従い、渡来系の特徴を持つ墓に葬られた（用田・山田1991）。

これらのプロジェクトは、古墳の年代からすると6世紀中ごろには始まり、徳利形平底壺という百済の土器がこの地域で集中して出土することも渡来系の技術者集団の存在を明かす。しかし、実際にこの扇央部あるいは扇端部に入植者が来て、村を作って水田農耕を行ったのは7世紀のことであった。

かつて湖東の山裾の横口式石室墳は朝鮮半島系、大津北郊の古墳群は中国系という指摘があった（水野1970）。中央から派遣された指導者と朝鮮半島由来の渡来系技術者達が葬られ、今も水田中に墳丘を時々残す群集墳は、尻無川地域における水田開発の経緯を今の私たちに教えてくれる。

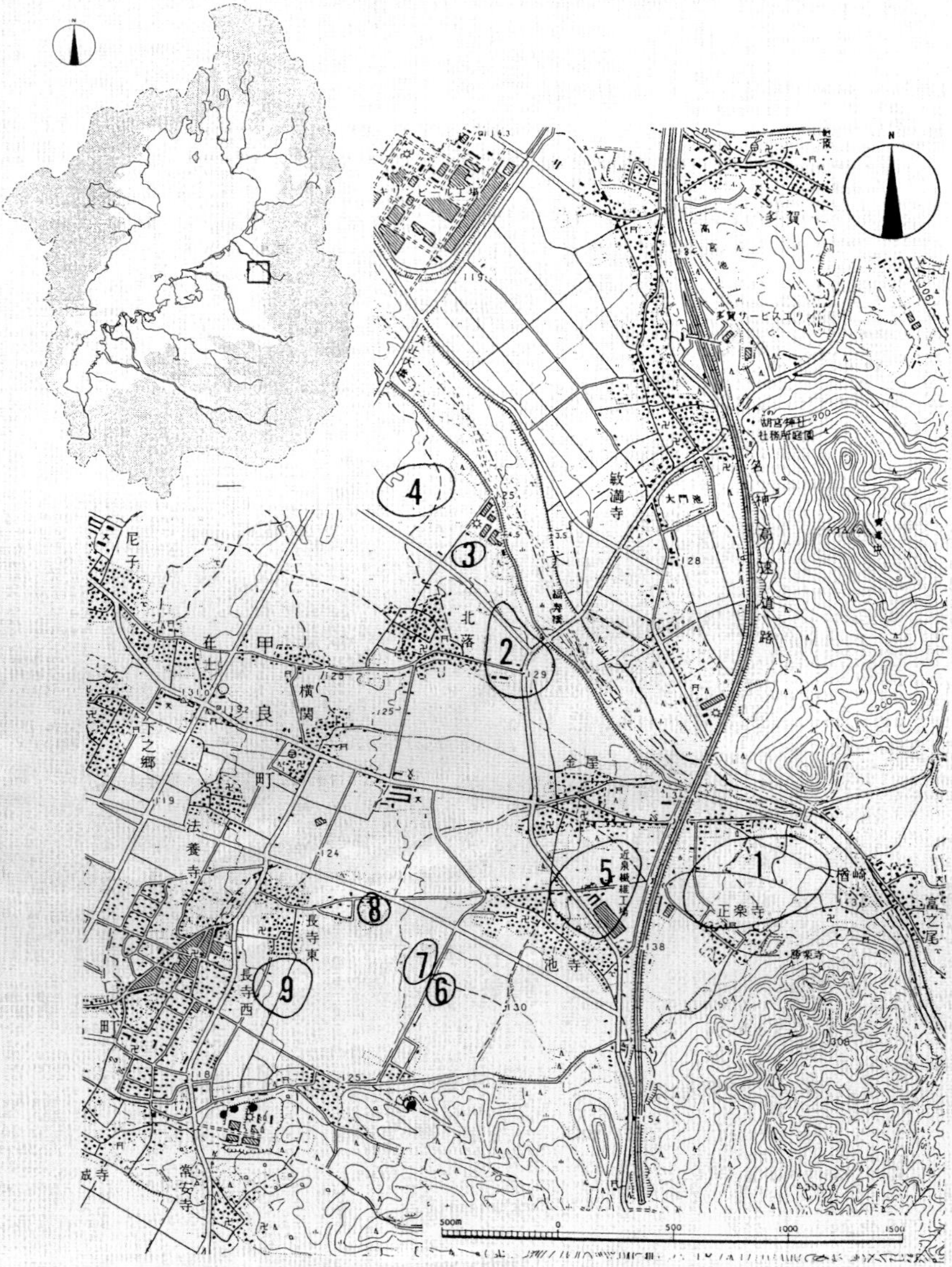

1．楢崎古墳群　2．北落古墳群　3・4．塚原古墳群　5．金屋南・外輪古墳群

6・7．三博・四ツ塚古墳群　8．三博古墳群　9．横枕古墳群

図4-2-1　犬上川左岸の群集墳

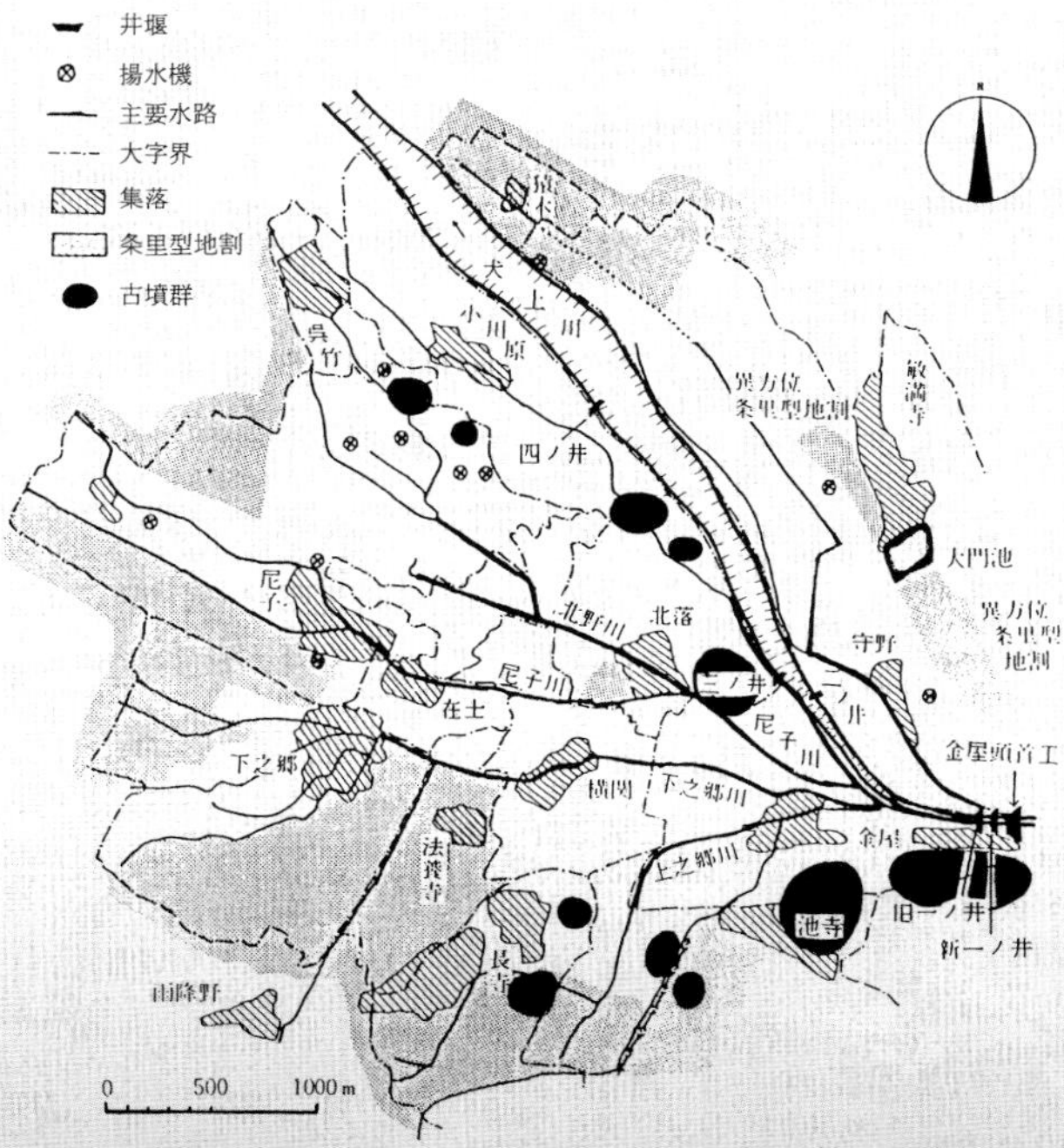

図4-2-2 犬上川左岸扇状地の水利施設と群集墳

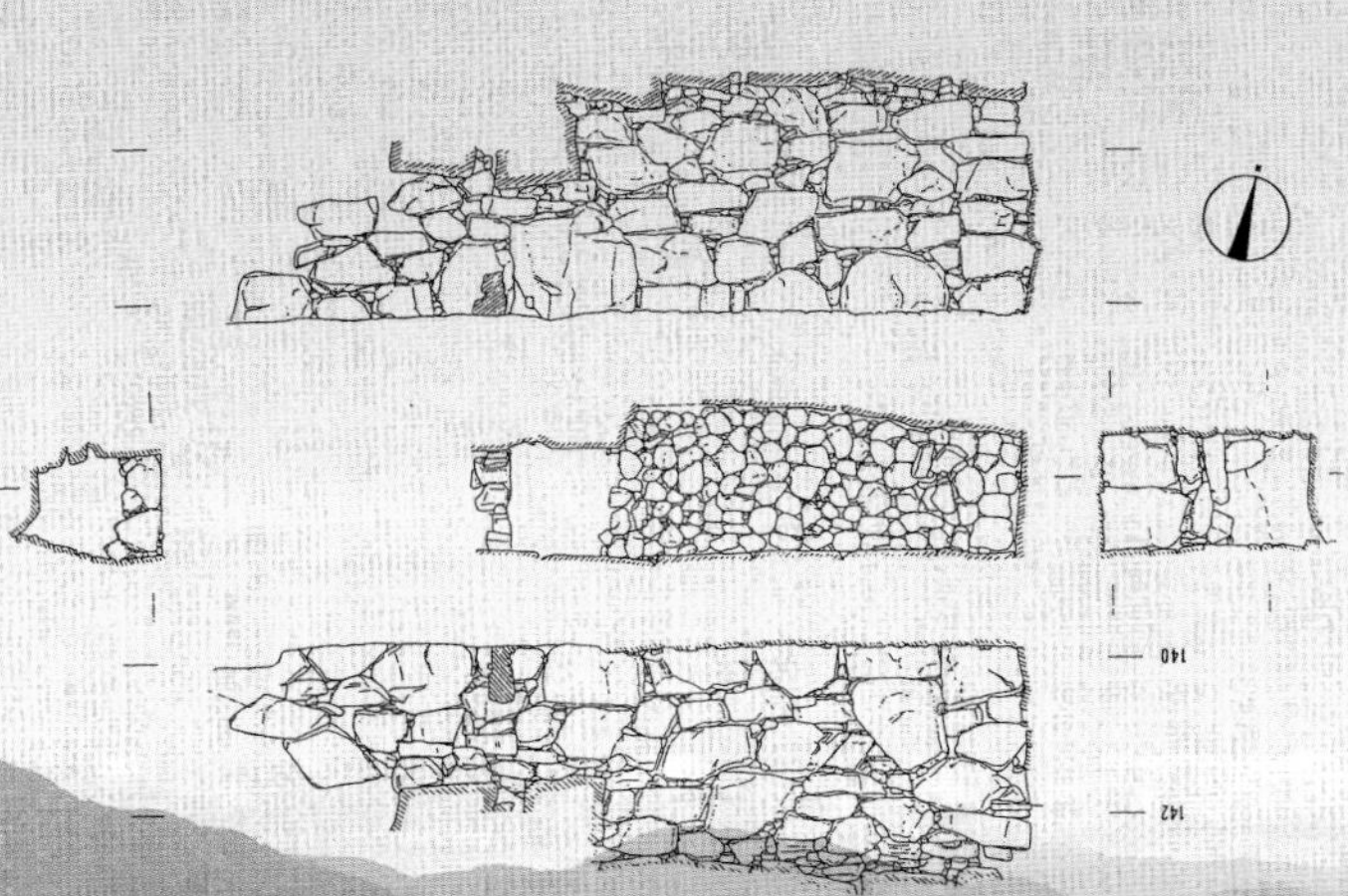

図4-2-3 指導者である楢崎1号墳の石室

3 日本列島で二番目に広い湖・霞ケ浦をめぐる古墳

面積が琵琶湖に次ぐ霞ケ浦は、水際線の延長は琵琶湖より長い。しかし平均水深は4mしかないため、その貯水量は琵琶湖の300分の1以下である。したがって水環境が悪化するのも改善するのも、比較的容易だと一般にはいわれる。そんな霞ヶ浦と琵琶湖も自然科学系の同僚学芸員はよく比較するが、考古学徒も現地から得るものがあるのではないかと、茨城県へ出向いた。

霞ケ浦を取り囲むように分布している前方後円墳などを歩き、いくつかの博物館を訪ねてみた。舟塚山古墳、府中愛宕山古墳、三昧塚古墳、富士見塚古墳、上高津貝塚、崎浜横穴墓、上高津貝塚考古資料館、土浦市立博物館、かすみがうら市郷土資料館、富士見塚古墳群展示館などである。

これら霞ヶ浦と無関係ではない立派な首長墓群の位置関係やその遺存状況に驚き、保存・整備の状況にも感心した。霞ケ浦のまわりの古墳は、湖を行く船に見せつけるかのように湖岸線に近接し、平地にありながら墳丘を今も残す。一方、琵琶湖の周りの古墳は、多くは湖に近い丘陵上に限られ、平地にあっても墳丘を残していない点が最大の違いである。保存を図っている古墳の墳丘は、表面への芝生貼りにこだわった整備が多く、東北地方や関東の埼玉古墳群などの古墳整備方法との共通項かとも思う。

関東では群馬県の太田天神山古墳の全長210mに次ぐ第二の規模、全長186mを誇る前方後円墳の舟塚山古墳も芝生貼りで、わりと「のぺっ」とした前方部の形状は、東北地方最大の宮城県雷神山古墳（全長168m）にも共通する。ここから300m離れたところにあるのが全長97mの前方後円墳、府中愛宕山古墳であり、霞ケ浦との位置関係から舟塚山古墳が「入舟」、愛宕山古墳が「出舟」に例えられるほどの湖との位置関係や見た目、あるいは規模を誇る。さらに前者は大阪府大仙陵古墳（伝仁徳天皇陵）や奈良県ウワナベ古墳、後者は大阪府誉田御廟山古墳（伝応神天皇陵）との共通した企画で築造されたという説もあり、その規模とともに倭王権による東国経営などとの関係にも注意が必要である。丘上に立つと、見渡せる広い土地を占有することだけではなく、太平洋に水路を通じてつながる入江・浦を制した亡き首長の勢力が見え、琵琶湖と二重写しになる。この地域でも「船津」「渡津」を区別する視点から古墳の在り方を追究すれば、新たな展開が生まれるかもしれないと考えた。

かつて茨城大学におられ、古墳の研究者としても知られる茂木雅博先生を土浦市立博物館に訪ねたら、先生に大歓迎されて逆に恐縮。また、副館長の塩谷修さんからは、後に霞ケ浦の古墳を研究された多くの成果を送っていただき、霞ケ浦ではすでに琵琶湖以上に多くの視点からの古墳追究が行われていることを知った。40年の時を超えた考古学仲間らのご厚情に感謝した。

図4-3-1 舟塚山古墳

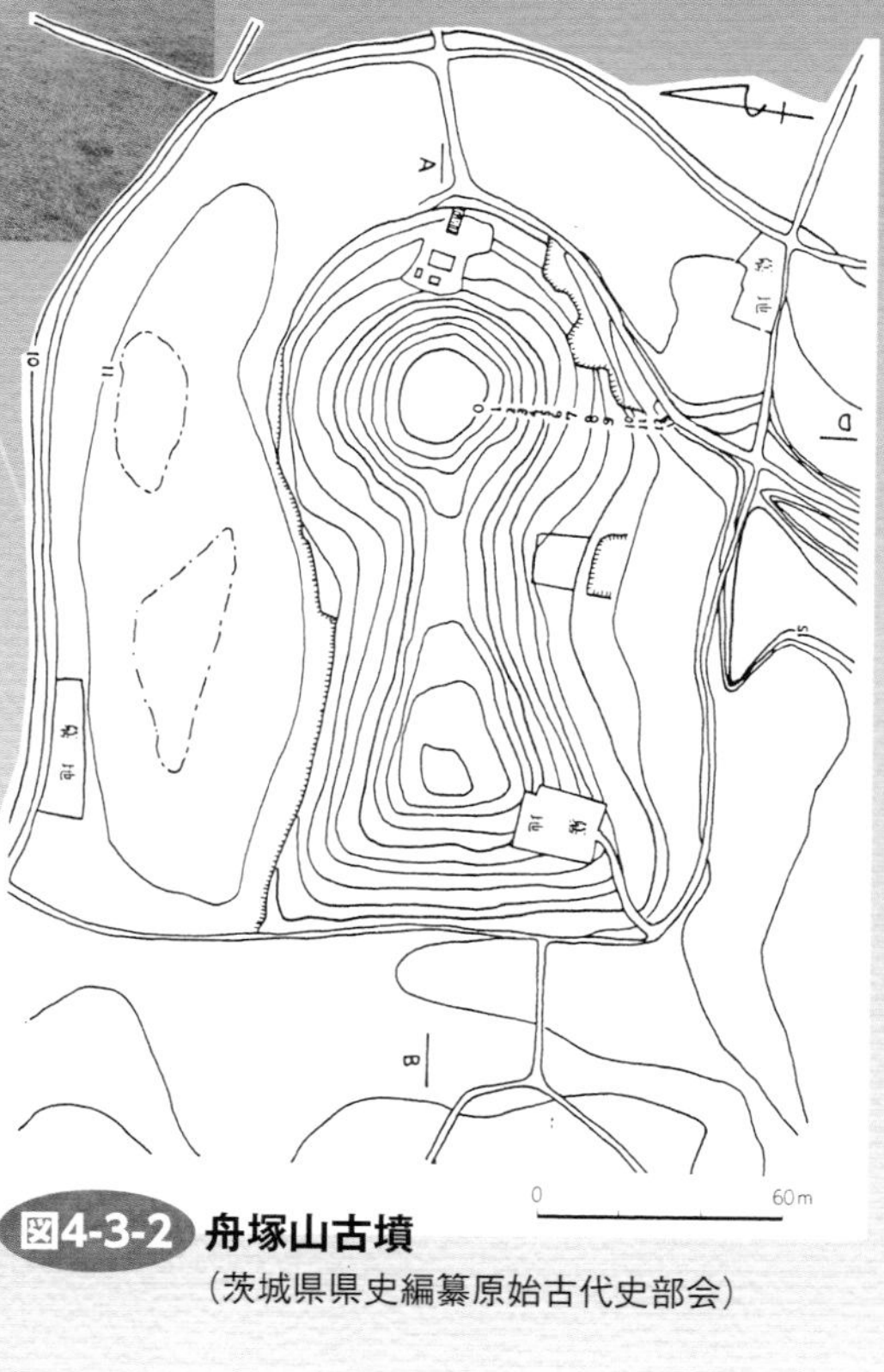

図4-3-2 舟塚山古墳
(茨城県県史編纂原始古代史部会)

北浦

図4-3-3 三昧塚古墳

図4-3-4 府中愛宕山古墳

図4-3-5 富士見塚古墳

図4-3-6 霞ヶ浦

4 列島の最南端にある九州の前方後円墳と中枢の古墳

鹿児島県大隅半島の首長墓を中心に、鹿屋航空基地史料館、知覧特攻平和会館、ミュージアム知覧、万世特攻平和祈念館など戦争の関係館などを3日でまわったことがある。

その中で最も感動的だったのは、やはり博物館ではなく横瀬古墳、唐仁古墳群、塚崎古墳群など本土の最も南に位置する前方後円墳群である。日本列島における前方後円墳の分布域の最南端としてよく出てくるのは肝属郡東串良町にある唐仁古墳群の1号墳・唐仁大塚古墳である。130基からなる唐仁古墳群は大半が円墳で、前方後円墳は3基しかない。その中の唐仁大塚古墳は全長が154mと鹿児島県では最大で、九州でも3番目の規模を誇る。しかしこの古墳が築かれた4世紀末にはこれを超える規模の古墳は九州にはなく、当時は最大であったことになるが、これが日本列島最南端の古墳ではない。

この南約2kmの肝属郡肝付《きもつき》町に前方後円墳5基を含む塚崎古墳群がある。大隅地方最古の古墳群で、地下式横穴墓などを含む多様な墓制からなる。実際の列島最南端の前方後円墳は、この中の塚崎51号墳（花牟礼古墳、旧39号墳）で、全長70mを超えて墳丘高も10m近い立派なものである。後円部に直接登ろうとしたが、急斜面でかなり厳しい。列島最南端の前方後円墳は、それだけの規模と高さを誇るもので良かったというのが素直な感想である。つまり最南端ということは、敵対勢力への最前線であり、それなりの格式を備えた前方後円墳なのだろう。最北端ではないが、前項で触れた雷神山古墳なども北に備えた拠点だからこそ壮大であった。近江にはそれほどの使命や機能を持った前方後円墳は、前期の船津を望む墓以外はないようである。この大隅半島の古墳を語る上で、横瀬古墳という前方後円墳を忘れてはならない。志布志湾に面した全長137mの前方後円墳で、沿岸部に築かれた海浜型前方後円墳とも呼ばれる。標高は6mしかない水田中にあり、幅10m以上の濠を備えて埴輪もめぐる堂々とした古墳である。内部主体は竪穴式石槨で、墳頂部に一部露出している。

その足で熊本県和水町の江田船山古墳・虚空蔵塚古墳・塚坊主古墳、山鹿市の双子塚古墳、チブサン古墳・オブサン古墳なども訪ねた。九州に多い副室構造の石室や石屋形などに接するのは、福岡県八女市の岩戸山古墳調査以来久しぶりであったが、近江にも類似例があることはあまり知られていない。阿蘇溶結凝灰岩という石棺の石材以外に、近江と九州との特殊な関係が、古墳時代後期にあった可能性がある。

さらにその直後、発掘中の奈良県桜井市の桜井茶臼山古墳の見学に出かけた。生きている間に前期古墳の内部主体を見ることはもう何回もないだろうし、少なくとも当時、列島の中枢部にあたる前方後円墳は最後になるかもしれないと。全長が200mを超える桜井茶臼山古墳は、石槨の天井石の大きさや整形、朱の塗布、石槨の床構造、遺存していた木棺、被覆粘土層や玉石、さらにはそれらをとりまく溝と壺、前方部上からも後円部へ容易に近づけそうにない墳丘、急峻な隅角などすべてに目がいった。奈良盆地の巨大古墳の評価は、近江とは文字通りレベルが違い手に負えそうにない。

図4-4-1 横瀬古墳

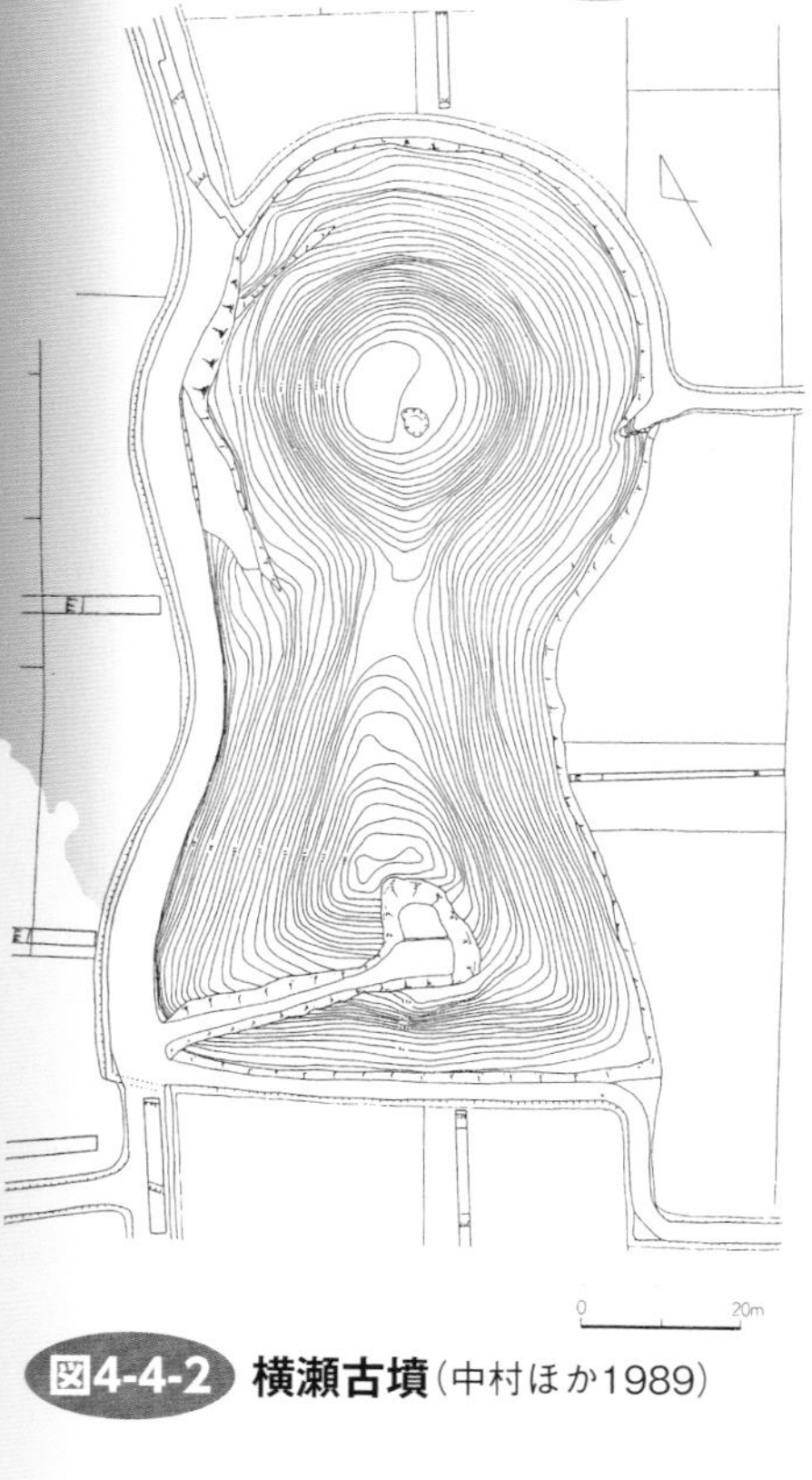

図4-4-2 横瀬古墳(中村ほか1989)

図4-4-3
塚崎51号墳墳丘

図4-4-4 塚崎51号墳

図4-4-5 塚崎古墳群の看板

図4-4-6
唐仁大塚古墳内部
主体の一部

5 東日本大震災を生き抜いた古墳と遺跡

震災の年の春から夏にかけて、災害派遣の一員として福島県に滞在していた。福島県庁につめて、毎朝の会議で佐藤雄平知事（当時）の多くの指示を横目で見ながら避難所を回った。滞在中、南相馬市で文化財の被害状況の確認もし、もらった休みには会津盆地の会津大塚山古墳をはじめ亀が森古墳・鎮守森古墳・杵が森古墳などを歩いた。

会津盆地は、少なくとも考古資料からみると日本海側の領域である。水系もしかりで、弥生時代の墓や土器は日本海・越後から阿賀野川沿いに会津へ葬法も含めて伝わってきていた。古墳時代でも古い時期の古墳がこの盆地には入ってきていたし、太平洋側で起こった地震や放射線被害も同様で、ほとんど感じられなかった。

一方、太平洋沿いの南相馬市などでは津波の被害は地震より甚大で、あまり山や丘のないこの地域では、津波からの逃げ場がほとんどなかった。この南相馬市の海岸から2・8㎞遡った新田川の河岸段丘上に、桜井古墳という全長75ｍの前方後方墳がある。古墳時代前期、おそらくは3世紀末か4世紀初めのものである。そもそも前方後方形の墓は、近江も含めてそれより東側の地域に中心を持つ特徴的なものであり、邪馬台国時代でいうと尾張地域が有力候補地でもある狗奴国の証ともいう。またこの規模の古墳は近江では十指に入るが、前方後円墳ではなく前方後方墳で、これほどのものは近江にはない。かなり「東国的」である。その墳丘の裾まで今回の津波は及び、段丘下の家や田畑は壊滅状態であったが、原発のある地域を広く含む太平洋岸、かつての陸奥南部の「浜通り」を制していたこの首長の墓は無傷であった。

古墳の裾には、がれきの集積場があり、古墳の墳丘上からは、津波被害地の新田川下流域、さらにその向こうには東北電力原町火力発電所が見えた。海や川からは仰ぎ見るような立地に、古墳時代首長の堂々とした墓はあり、地震・津波の被害にもまったく遭わなかった。そして、大震災発生から2年後、再び福島県を訪ねた時、兵庫県教育委員会から派遣されていた後輩考古学徒・山本誠さんの応援に行った。

奥州関門の名城で、戊辰《ぼしん》戦争の時も戦いの場となった国指定史跡小峰城の石垣は、上に大きな慰霊碑があったところと、コンクリートで裏込めをしたところの2個所だけが地震で崩落し、昔のままのところは無傷だった。縄文時代の集落である浦尻貝塚は、原発から10㎞しか離れていない海岸沿いの高台にある。地震発生時、そこで発掘調査中だった作業員さんたちは、一度は自分の家に戻ったものの再びこの丘の上に避難し、自分たちの村が津波で流されていくのを見たという。

先人の遺産は自然災害には弱いと思いがちであるが意外に強く、住民の避難場所になったりして、今となっては私たちを励ましたりしてくれている。復興のために奔走する山本さんによれば、ともすれば邪魔者になりがちな文化財調査に、地域の住民はとても理解があり協力的だという。先の頑丈な史跡やそんな話に、逆にこちらが勇気づけられた。

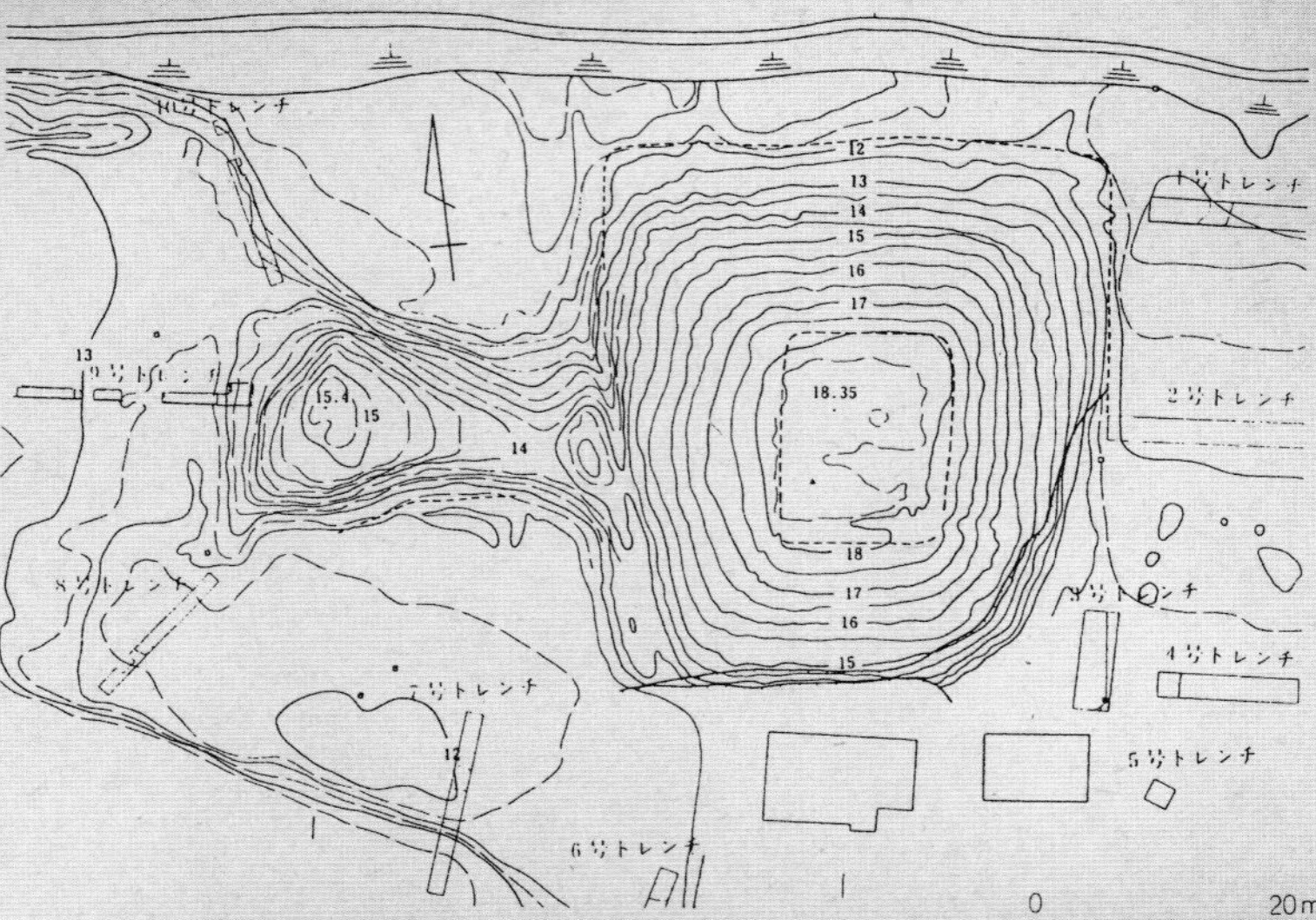

図4-5-1 桜井古墳（玉川ほか1985）

図4-5-2 桜井古墳

図4-5-3 浦尻貝塚から太平洋を望む

図4-5-4 会津大塚山古墳

図4-5-5
小峰城の地震被害

6 古墳時代以降の農具にみる中国の系譜

先に、古墳における大陸由来の古墳の内部主体の形式でもある木槨について触れた。かつての日本列島には1例も知られていなかった木槨、つまり木棺を覆う木の部屋ないし大きな箱は、1970年代にはじめて知られるようになったが、それは大陸のそれに比べると、時間的にも大きく下り、なれの果ての規模と構造のものであった。

一方、古墳の話題から離れるが、日本の農業史において中国との関係を示す例として馬鍬や犂《からすき》、唐箕《とうみ》がある。犂は「唐鋤」とも書き、唐箕とともに中国・「唐」との関係を思い起こさせる。

古墳時代中期、5世紀ごろに大陸から馬鍬が伝わったが、ほどなく犁も日本列島に持ち込まれた。犂は牛や馬に曳かせて土を耕す道具で、中でも土に直接あたる部分が長い「長床犂《ちょうしょうすき》」は、河野通明先生（元、神奈川大学）によると7世紀に遣唐使らによって中国・長江下流域からもたらされ、大化改新政府はこれを広めるために、その見本を列島各地に配布したという。

この中国系「長床犂」は、近江では近代まで湖南地域を中心に多く使われ、主に牛に曳かせていた。辻川智代さん（琵琶湖博物館）によると、こうした犂の出土例は野洲市西河原森ノ内遺跡、守山市川田川原田遺跡、草津市中畑遺跡、大津市関津遺跡など、いずれも7世紀から11世紀の硯や木簡を出土する湖南地域の古代役所跡の遺跡から発見されているといい、河野先生の見解を補強する。

また、唐箕は脱穀した米を風力で玄米と「もみ殻」に分ける道具で、それまで篩《ふるい》や団扇《うちわ》などを使う手間のかかる作業であったが、江戸時代に唐箕や万石通しなどが使われるようになり、効率は格段に向上した。

唐箕は、北宋時代（10～12世紀）の中国で考案され、日本には江戸時代の初め、貞享元年（１６８４年）ごろまでには伝わってきていた。日本のそれは、４本脚で玄米が正面から出てくる西日本型と、６本以上12本までの脚を備えて背面からも米が出る東日本型に分けられるが、近江には４本脚の唐箕が最も多く、中国の長江（揚子江）下流域から中流域でも数10例の唐箕を見たがすべて４本脚であった。昭和30年代まで多く使われていた近江の農具には、中国本土の形式に近いものが残っていたことになるし、琵琶湖の周りには、中国から直接もたらされた文化が農具として最長で１３００年以上伝えられていたことになる。

さらに唐臼《からうす》には、籾摺り臼と精米用のものがあるが、玄米ともみ殻を摺り分ける土摺り臼は、やはり江戸時代に中国から来た道具の一つである。その他、唐竿《からさお》、唐鍬《とうぐわ》、唐箸《からはし》なども中国由来の可能性があるが、「唐」は「加羅」「韓」などにも通じるため朝鮮半島との関係を暗示しているし、これらには単に「外国」とか「新しい」という意味もあるので、一概には言えない。

図4-6-1 民具研究を科学的にしようと試みた展示(琵琶湖博物館)

図4-6-2 犂の展示

図4-6-3 唐箕の展示

図4-6-4 太湖周辺の唐箕
（江蘇省蘇州）

図4-6-5 洞庭湖周辺の唐箕
（湖南省常徳）

図4-6-6 長江と太湖・洞庭湖・琵琶湖

先学に学んだ半生記（反省記）

入学時から考古学専攻と決まっていた学生時代は、1回生から研究室に出入りして近藤義郎、春成秀爾、小野昭の3人の先生の厳しい指導を受けてきた。

戦後20年余の考古学研究の集大成『日本の考古学』（全7巻・河出書房、1965〜7年）の主だった編著者とその大学に惹かれた私は、『蛍雪時代』の「大学紹介」の「考古学の権威がそろっている」という文言にも後押しされて進学し、以来45年間、細々と考古学に関わってきた。

50歳を機に準備した学位論文は、のちに『琵琶湖をめぐる古墳と古墳群』（サンライズ出版、2007年）として刊行したが、このタイトルはその50年前に近藤義郎先生が発表された論文「牛窓湾をめぐる古墳と古墳群」（『私たちの考古学』10号、1956年）にならったもので、古墳時代の2時期区分を「古墳」と「古墳群」で表現した。そして私が先生にお仕えした最後は、先生の50年にわたる発掘履歴を解説された『発掘五〇年』（河出書房新社、2006年）を何人かの同窓生とともに編集に関わったことであった。

そんな中、生涯で最も出来のよい自分の文章はと問われれば、茂木雅博先生のお勧めにより学会の会報に書いた近藤義郎先生への追悼文と答える（「私たちは考古学界のリーダー・近藤義郎先生を失う」『日本考古学協会会報』168、2009年）。220文字という制限のあった本文と1枚の写真だけが許された文章だったが、タイトルから写真の背景やそのキャプションに至るまでを考え抜いてまとめ、後に都出比呂志先生からも「良く書けていました」と言っていただいた。

春成秀爾先生は、私が大学を終えるのとほぼ同じころ関東へ行かれたが、それ以降もこの年になるまで40年余、ずっとご指導と励ましを受け、フィールドへもしばしばお誘いいただいている。かつては研究テーマの相談にも親身にのっていただき、大学院への進学もお勧めいただいた。最近は「和邇氏」の研究をされておられ、昨年も湖西の山上にある和邇大塚山古墳という名前の前方後円墳にご一緒した。そんな現地踏査の記録は本書でも触れ、考古学研究への情熱、観察・実測・集成の努力を見習えといつも暗にいわれている。自信を持っていた考古資料の実測は、30歳を超えても先生には褒められることがなかったが、ある時、木偶の図を描いて「いいね」をいただいたことがあった。その図は今も残している。

2回生の時に開講された小野昭先生の「先土器時代論」という特講は、まだ20代だった先生にとって最初の単独での講義であり、紹介された武谷三男の著作集はまだ手元にある。3回生・4回生の時の演習は、いつも考古学の教官が3人揃った中で行われ、5～6人しかいなかった学生は毎週責められ続けたが、小野先生は学生への指導コメントが教官の中でいつも最後になり、言うポイントが出尽くして困ったと、最近になってからお聞きした。しかし、愛想だとは思うが先生曰く「あのころの学生は、そうして鍛えられて優秀だった」と。

フィールドでは、近藤先生・小野先生とは楯築弥生墳丘墓などの発掘を、春成先生・小野先生とは備前車塚古墳などの調査をご一緒しながら、墳丘墓・古墳研究に導かれていった

私は、結局、仕事も趣味も中途半端で3年前に定年を迎えてしまった。研究上でもやり遂げたと誇れるものはなかったが、考古学研究の先生・先輩・仲間からのご恩に対する責務や義理

は果たすようにし、礼節も尽くしてきた。今回の小文中では執筆要項上註をつけがたく、可能な限りお名前を掲げ、文献は末尾にできるだけまとめるなどその業績などに触れてきた。

これまでの前方後円墳研究をめぐる博物館・文化財保護活動を通じてお世話になった先生・先輩・仲間へは、今回のこの小冊子がその感謝の気持ちの一部であるし、何よりもこれまで琵琶湖博物館に足を運んでいただいた1000万人を超える来館者の方々に、抜け落ちた琵琶湖の歴史展示をご紹介してしまったことへのお詫びとしたい。

本書は、インターネットページ「マッピーの考古学日記」(現在廃止)の中で、時代・テーマが本書に近い記述に新稿を加えながら再構成し、『琵琶湖をめぐる古墳と古墳群』(用田2007)の一部をもとにわかりやすくした文章で補った。さらに毎日新聞朝刊連載コラム『ここだけの湖の話』と中日新聞朝刊コラム『湖岸より』の記事をベースに大幅に加筆・修正をしてこれらに加えた(別記一覧)。再構成にあたっては、毎日新聞大津支局北出昭さん、中日新聞社大津支局野條茂さんのご理解を得たし、掲載写真のうち、特にことわりのないものは空撮も含めて筆者によるものであり、挿図出典のないものは先の文献(用田2007)に依る。

いくつかの事情により、本書の草稿を最初に琵琶湖博物館へ提出してから2年が経とうとしている。

この間、三つの大学で博物館学や文化政策論を講義することに追われ、また山岳寺院の踏査と時折の講演活動により、「前方後円墳とは何か」をほとんど考えることなく過ごしてしまった。

したがって、本書においてこの2年間の進展は全くなく、手を加えられる状況にもなかった。

一方、本書で情報を補おうとしていた琵琶湖博物館の歴史展示におけるわずかな古墳時代コーナーはもとより、その全体が博物館のリニューアルによってさま変わりしてしまった。よって、当初意図した本書の機能は果たせなくなったわけであるが、見開きの項目ごとに完結した読み物として、気が向いたところだけ目を通していただければ幸いである。

2年以上前に、図版や写真の掲載許可などにご協力をいただいた機関・関係者にあっては、もうお忘れの場合もあろうかと想像するが、そうした事情をご賢察の上、ご理解いただければ重ねて幸いである。

2021年1月24日

用田　政晴

【引用・参考文献】

池畑耕一１９９２「大隅」『前方後円墳集成』九州編、山川出版社。

伊庭　功ほか１９９７『粟津湖底遺跡第３貝塚（粟津湖底遺跡１）』（『琵琶湖開発事業関連埋蔵文化財発掘調査報告書』１）、滋賀県教育委員会・財団法人滋賀県文化財保護協会。

伊庭　功２００１「縄文時代に栽培はあったか―粟津湖底遺跡の分析結果から―」『近江の考古と歴史』（『西田弘先生米寿記念論集』）、真陽社。

茨城県史編さん原始古代史部会１９７４『茨城県史料』考古資料編・古墳時代。

植田文雄ほか２００４『神郷亀塚古墳』（能登川町埋蔵文化財調査報告書第55集）能登川町教育委員会・能登川町埋蔵文化財センター。

植田文雄２０００『縄文人の淡海学』、サンライズ出版。

梅原末治１９２２「近江和邇村の古墳墓、特に大塚山古墳に就いて（近江国に於ける主要古墳の調査録　其三）」『人類学雑誌』第37巻第８号。

梅原末治１９３６「安土瓢箪山古墳の調査」『考古学雑誌』第26巻第10号。

梅原末治１９３７ａ「和邇大塚山古墳」『日本古文化研究所報告』第４（『近畿地方古墳墓の調査』２）、日本古文化研究所。

梅原末治１９３７ｂ「近江安土瓢箪山古墳」『日本古文化研究所報告』第４（『近畿地方古墳墓の調査』２）、日本古文化研究所。

梅原末治１９３８「安土瓢箪山古墳」『滋賀県史蹟調査報告』第７冊、滋賀県。

梅原猛・安田喜憲２００４『長江文明の探求』新思索社。

大橋信弥・井上満郎１９８７「豪族の世紀」『栗東の歴史』第１巻、栗東町。

岡田健太郎２０００『客家円楼　中国・福建省・広東省・江西省』旅行人。

関西学院大学考古学研究会（文責　坂井秀弥）１９７９「高島郡高島町鴨稲荷山古墳現状実測調査報告」『滋賀文化財だより』No.22、財団法人滋賀県文化財保護協会。

樺光子編１９６０『人しれず微笑まん―樺美智子遺稿集』三一書房。

喜多村俊夫１９４６『近江経済史論攷』大雅堂。

狐塚省蔵１９８８「浦間茶臼山古墳考」『鎌木義昌先生古稀記念論集　考古学と関連科学』、鎌木義昌先生古稀記念論文集刊行会。

工藤隆２０１７『大嘗祭―天皇制と日本文化の源流』中央公論新社。

黒坂秀樹ほか２００１『古保利古墳群　第１次確認調査報告書』、高月町教育委員会。

黒坂秀樹２００５『高月の主要古墳』１、高月町教育委員会。

湖南省博物館・中国科学院考古研究所・文物編輯委員会（土井淑子訳）１９７２『長沙馬王堆一号漢墓発掘簡報（全訳）』（『週刊朝日増刊』９―10（原文は１９７２年７月刊）

小林健太郎・西村進１９８１「地形と地質」『草津市史』第１巻、草津市。

小林行雄１９３６「近江安土小山古墳の調査」『考古学』第７巻第７号。

小林行雄１９５１『日本考古学概説』、東京創元社。

小林行雄１９６２「日本」『世界考古学大系』第16巻、研究法・索引、平凡社。

近藤義郎ほか１９６０『月の輪古墳』、月の輪古墳刊行会。

近藤義郎１９８３『前方後円墳の時代』、岩波書店。

近藤義郎ほか１９８７『倉敷市楯築弥生墳丘墓第Ｖ次（昭和60年度）・第Ⅵ次（昭和61年度）発掘調査概要報告』、楯築弥生墳丘墓発掘調査団。

近藤義郎１９９２『楯築弥生墳丘墓の研究』、楯築刊行会。

近藤義郎２００６『発掘五〇年』、河出書房新社。

財団法人滋賀県文化財保護協会・滋賀県立安土城考古博物館１９９６『財団法人滋賀県文化財保護協会設立25周年記念第7回埋蔵文化財調査研究会シンポジウム「近江・河内・大和の渡来人」』。

佐野大和１９５６「粘土槨考」『常陸鏡塚』、綜芸社。

滋賀県教育委員会１９８１『昭和59年度滋賀県文化財調査年報』。

高橋　護２０００「南溝手遺跡における縄文時代後期の農業」『大塚初重先生頌寿記念考古学論集』、東京堂出版。

高橋　護ほか２００５「岡山県灘崎町彦崎貝塚の発掘調査」『考古学ジャーナル』第５２７号。

高谷好一２００３「東アジアの稲作文化と近江」『弥生のなりわいと琵琶湖—近江の稲作漁労民—』、守山市教育委員会編、サンライズ出版。

谷　建祥ほか１９９８「対草鞋山遺址馬家浜文化時期稲作農業的初歩認識」『農業考古』１９９８年第1期（中国語）。

谷口　徹・早川　圭２００５『荒神山古墳—平成15・16年度　範囲確認調査概要—』（『彦根市埋蔵文化財調査報告書』第36集）、彦根市教育委員会。

玉川一郎ほか１９８５『国指定史跡桜井古墳範囲確認調査報告書』。

都出比呂志ほか１９９６『雪野山古墳の研究』雪野山古墳発掘調査団。

都出比呂志１９９８『ＮＨＫ人間大学　古代国家の胎動』日本放送出版協会。

鄧　健吾１９７７「長沙馬王堆漢墓」『新発掘報告　中国の美術と考古』六興出版。

中村耕治ほか１９８９「大隅地方の古墳調査—墳丘測量を中心として—（一）」『鹿児島考古』23号。

西田　弘１９６１『草津市山寺町北谷古墳群発掘調査概報』、滋賀県教育委員会。

野間晴雄・小林健太郎・高橋誠一１９８７「犬上川扇状地と芹川中流域における水利の特質の比較—条里型地割の分布との対応のための前提—」『条里縁辺地域における水利・土地利用システムの歴史地理学的研究』（『昭和61年度科学研究費補助金（一般研究Ａ）研究成果報告書』）。

【著者略歴】

用田政晴（ようだ　まさはる）

1955年、滋賀県彦根市に生まれる。

岡山大学法文学部史学科考古学専攻卒業。

岡山大学法文学専攻科史学専攻考古学コース修了。

岡山県総務部県史編纂室、滋賀県教育委員会文化財保護課を経て、
1990年から滋賀県立琵琶湖博物館開設準備に参画。

1996年の開館後は、事業部長・研究部長・上席総括学芸員などを歴任。

2016年から滋賀県立琵琶湖博物館名誉学芸員・特別研究員で同志社大学政策学部嘱託講師、立命館大学文学部授業担当講師などをつとめる。

2021年から神戸学院大学人文学部教授。博士（人間文化学）。

■主な著書

『信長　船づくりの誤算 ―湖上交通史の再検討―』サンライズ出版、1999年。
『琵琶湖をめぐる古墳と古墳群』サンライズ出版、2007年。
『湖と山をめぐる考古学』サンライズ出版、2009年
『東アジアの水環境 ―水辺暮らしの記憶と記録―』（『琵琶湖博物館研究調査報告』第28号）（編著）、2016年　など。

琵琶湖博物館ブックレット⑬

琵琶湖と古墳
～東アジアと日本列島からみる～

2021年4月1日　第1版第1刷発行

著　者　用田政晴
企　画　滋賀県立琵琶湖博物館
〒525-0001 滋賀県草津市下物町1091
TEL 077-568-4811　FAX 077-568-4850
デザイン　オプティムグラフィックス
発　行　サンライズ出版
〒522-0004 滋賀県彦根市鳥居本町655-1
TEL 0749-22-0627　FAX 0749-23-7720
印　刷　シナノパブリッシングプレス

ISBN978-4-88325-718-8 C0321

琵琶湖博物館ブックレットの発刊にあたって

琵琶湖のほとりに「湖と人間」をテーマに研究する博物館が設立されてから2016年はちょうど20年という節目になります。琵琶湖博物館は、琵琶湖とその集水域である淀川流域の自然、歴史、暮らしについて理解を深め、地域の人びととともに湖と人間のあるべき共存関係の姿を追求してきました。そして琵琶湖博物館は設立の当初から住民参加を実践活動の理念としてさまざまな活動を行ってきました。この実践活動のなかに新たに「琵琶湖博物館ブックレット」発行を加えたいと思います。

20世紀後半から博物館の社会的地位と役割はそれ以前と大きく転換しました。それは新たな「知の拠点」としての博物館への転換であり、博物館は知の情報発信の重要な公共的な場であることが社会的に要請されるようになったからです。「知の拠点」としての博物館は、常に新たな研究が蓄積され、新たな発見があるわけですから、そうしたものを「琵琶湖博物館ブックレット」シリーズというかたちで社会に還元したいと考えます。琵琶湖博物館員はもとよりさまざまな形で琵琶湖博物館に関わっていただいた人びとに執筆をお願いして、市民が関心をもつであろうさまざまな分野やテーマを取りあげていきます。高度な内容のものを平明に、そしてより楽しく読めるブックレットを目指していきたいと思います。このシリーズが県民の愛読書のひとつになることを願います。

ブックレットの発行を契機として県民と琵琶湖博物館のよりよいさらに発展した交流が生まれることを期待したいと思います。

二〇一六年　七月

滋賀県立琵琶湖博物館・館長　篠原　徹